ESPRIT DE SERVICE

*À Baptiste, mon garçon, l'Esprit de Service
en philosophie de vie.*

Retrouvez tous les livres des éditions Lexitis sur

www.LexitisEditions.fr

Lexitis Éditions
76 rue Gay-Lussac, 75005 Paris

Toute reproduction ou représentation intégrale ou partielle, faite par quelque procédé que ce soit, sans l'autorisation de l'éditeur est illicite et constitue une contrefaçon sanctionnée par les articles L 335-2 et suivants du Code de la propriété intellectuelle. Seules sont autorisées les copies ou les reproductions strictement réservées à l'usage privé du copiste et non destinées à une utilisation collective, ainsi que les analyses et courtes citations justifiées par le caractère critique, scientifique ou d'information de l'oeuvre dans laquelle elles sont incorporées sous réserve du respect des dispositions légales prévues (L 122-4 et L 122-5, L 122-10 à L 122 -12). © Lexitis Éditions 2014 – Imprimé en Union Européenne – Dépôt légal : Avril 2014 – ISBN : 978-2-36233-137-4 – Crédit photo : DR

LES PRATIQUES
DE LA PERFORMANCE

Xavier QUÉRAT-HÉMENT

ESPRIT de Service

Passer du marketing au management de l'expérience client

LEXITIS
éditions

L'auteur

Xavier Quérat-Hément

Directeur de la Qualité du Groupe La Poste.

Parcours professionnel

Le pilotage des grands projets de service, la conduite du changement et l'innovation de service, la qualité de la relation client multicanal constituent les fils rouges de son parcours professionnel. Après une grande partie de sa carrière dans les services financiers de La Poste, et au coeur du projet de création de La Banque Postale, 3 ans au cabinet du président de La Poste, secrétaire du conseil d'administration du Groupe, deux passages en cabinet ministériel, il prend en charge la Direction de la Qualité du Groupe La Poste en 2006.

Le lancement du projet « Ambition de Service » s'est traduit par une politique d'engagements clients particulièrement volontariste, la création du service consommateurs multicanal du Groupe, élu service client 2010, et le déploiement de la démarche Esprit de Service, axée sur l'engagement des postiers.

La prise en charge, en parallèle, de la Direction de la Qualité de l'Enseigne (direction pilotant les bureaux de poste) de 2007 à 2011 a conduit à la conception et au déploiement d'une politique d'amélioration de l'accueil, de la relation et du service dans les bureaux de poste, ainsi qu'à un programme de certification d'engagements de service des 1 400 plus importants bureaux stratégiques.

Xavier Quérat-Hément est membre de la Commission Nationale des Services et a présidé le jury de la première édition de la Fête des Services qu'il a impulsée en 2013. Il participe aux travaux du groupe « France 2020 » mis en place par Pierre Gattaz. Il assure également la présidence du comité d'orientation « Management et Service » de l'AFNOR, la vice-présidence de l'Association France Qualité Performance et de l'Association Française de la Relation Client, et des responsabilités au sein des conseils d'administration du Groupement des Professions de services (MEDEF) et de l'Association pour le management de la réclamation client. Il a fondé avec l'ANVIE en 2013 le club « Esprit de Service et Innovation Managériale ». Nominé Meilleur Directeur de la Relation Client 2011, il a reçu le 6 juin 2012 le premier prix du Podium de la Relation Client dans la catégorie « Entreprises de Services », trophée que La Poste a de nouveau remporté le 10 février 2014.

Xavier Quérat-Hément est diplômé de l'Institut d'Etudes Politiques de Paris, de l'ENSPTT et de l'ESSEC.

Avant-propos de l'auteur

Ce livre est une halte dans un voyage en qualité entamé il y a de longues années maintenant. En cours de route, j'ai croisé d'autres personnes qui, comme moi, cherchent, expérimentent et se demandent comment améliorer, ensemble, les choses, adapter en permanence nos entreprises et nos organisations, à un environnement en évolution constante, en bouleversements imprévisibles.

Nous avons échangé sur nos actions, nos résultats. Le chemin à suivre s'est peu à peu dessiné, du moins dans ses premières étapes. Les changements déjà obtenus sont tangibles, les gains à espérer prometteurs.

La première leçon de ce parcours est que l'adaptation est la clé de la vie, de la survie. Qu'il n'est pas question de nier l'inconfort, la dureté de cette adaptation. Qu'il convient, en conséquence, de l'expliquer inlassablement, de l'accompagner.

La deuxième leçon est que la progression se fait jour après jour, pas à pas, dans l'exigence et l'écoute : pas de mutation soudaine, pas de grand soir, pas de gestion de projet en mode imposé, en mode accéléré.

La troisième leçon est que le succès repose sur l'authenticité des acteurs. La confiance, car c'est de cela dont il s'agit en définitive, se prouve dans la durée, mais se forge dans les actions au quotidien, dans les résultats. Dans la prise en compte des signaux faibles. Dans la considération des acteurs, de tous les acteurs. Dans la prise en compte des « irritants », ces frustrations qui gênent puis bloquent la relation, quand elles ne la détruisent pas. La confiance implique le courage du faire et du rendre compte.

La quatrième leçon est que la confiance ne saurait se limiter à la relation avec un seul acteur de l'écosystème, ici le client : elle doit imprégner aussi les relations internes entre tous les acteurs, notamment les collaborateurs. Et qu'elle passe par le respect de chacun et tout le temps.

La création, présentée dans cet ouvrage, l'intuition, testée grandeur nature, c'est précisément la force de l'Esprit de Service pour transformer les organisations, les situations, donner sens et envie aux acteurs. Dans une logique de symétrie des attentions. Avec le client. Et au sein de l'entreprise. Dans l'écoute et la considération pour chacun.

L'Esprit de Service est le fer de lance de la rénovation et de la construction d'une organisation de service exemplaire.

L'excellence qu'elle s'assigne comme but suppose un Esprit de Service porté haut et au quotidien par l'ensemble des collaborateurs et le « top management », ressenti par les clients et incarné dans tous les aspects de la relation désormais « cross canal ».

N.B. Ceci est un premier ouvrage, dont l'objet principal est de poser les fondamentaux de l'Esprit de Service, tirés de l'expérience conduite au sein du Groupe La Poste et dans les rencontres avec d'autres acteurs engagés du service.
Des compléments sont naturellement possibles, paroles de collaborateurs et de managers, paroles de clients, pour entendre les voix des acteurs de cette transformation, avec leurs mots, leurs ressentis, leurs doutes, leurs espoirs. Pour mettre de la couleur,

L'Esprit de Service est capacité relationnelle, fluidité, échange, énergie, don.

L'Esprit de Service est forcément voulu, concret, dans l'action. Il est engagement, il se mesure, il est résultat, il est sourire.

J'ai voulu, dans cet ouvrage, communiquer ma conviction que l'Esprit de Service est à la fois un devenir à imaginer et construire, nécessaire et possible.

Paris, Septembre 2013

@xavierquerat

---

de la chair et des sourires dans cette histoire. La Poste a d'ailleurs fait de grandes campagnes de communication en affichant sur ses bureaux ses héros du quotidien.
Enfin, il est tout à fait envisageable de passer du niveau microéconomique au niveau macroéconomique, en tirant les enseignements de cette expérience, pour montrer que la réforme en France est possible, puisque nous avons su la mener dans cette « petite France » qu'est La Poste.

Remerciements

Cet ouvrage est le fruit d'un travail collectif, patiemment construit, jamais terminé, tout comme l'Esprit de Service dont il traite. C'est pourquoi, je veux exprimer ma reconnaissance au Président d'honneur de La Poste Jean-Paul Bailly, qui m'a fait confiance en me nommant, à 41 ans, directeur de la Qualité du Groupe (groupe de 21 milliards d'euros de chiffre d'affaires et composé de 267 000 postiers, présent dans le quotidien de 66 millions de Français) et au délégué général Georges Lefebvre pour l'espace de liberté donné pour expérimenter, construire, mettre en place mes intuitions.

Je veux aussi dire toute ma gratitude à Raphaël Colas pour les échanges décisifs et complices ; remercier les postiers – toutes les équipes de terrain bien sûr, et aussi en particulier les équipes des Directions de la Qualité, des Services Clients, du Numérique et de l'Innovation, ainsi que de la Communication et des Systèmes d'Information - avec qui je travaille au quotidien sur ces questions et avec qui nous avons coconstruit cette démarche.

Je veux dire ma fierté d'être associé aux réflexions et expériences de mes confrères et nombreux amis du monde du service, de la relation client, du management et de l'innovation.

Je sais gré enfin à Virginie, mon épouse, pour ses encouragements, à Éliane Théry, mon assistante, pour son aptitude à faciliter la vie, à Christian Maréchal, Jeanne Bordeau et Martin de Halleux, pour leurs avis, conseils et accompagnement dans la rédaction de cet ouvrage.

Préface

Pour un management symétrique

> *« J'ai une manie singulière.*
> *Je tombe amoureux des postières.*
> *Elles ont le sourire accueillant*
> *des gardiens de maison de redressement. »*
>
> Pierre Perret, 1967

Xavier Quérat-Hément, qui se penche ici notamment sur le management, ne fait pas dans le blablabla pontifiant. Il suffit de pénétrer dans un bureau de Poste pour s'apercevoir des changements que notre auteur est capable d'insuffler. Certes, on trouvera toujours de quoi redire, à tel ou tel endroit. Mais, globalement, la transformation est spectaculaire. Ces vénérables institutions, qui se sont modernisées, sont devenues ce que l'on pourrait appeler, à la manière d'un Barrès, des lieux où souffle l'esprit de service. Une attention aux personnes présentes, une spécialisation des produits et services, des personnels attentifs (qui font pleinement mentir les paroles de la chanson mise en exergue), et des temps d'attente qui ont considérablement diminué incarnent les résultats visibles et tangibles de cette réforme conçue et mise en œuvre par Xavier Quérat-Hément.

L'ouvrage que l'on a entre les mains, et que l'on va donc lire, n'est pas pour autant une « success-story » ou une leçon de prêt à manager.

C'est une analyse de la France à partir, comme le dit l'auteur, de cette « petite France » qu'est La Poste. Dans ce pays, plutôt rétif au service (car celui-ci résonne comme domesticité dans une nation pétrie d'égalité), il est possible de creuser un sillon de transformations, à la fois favorable aux prestataires et aux destinataires, aux agents et aux usagers, aux collaborateurs et aux clients. Chacun choisira son vocabulaire. Au titre de la sémantique et de la philosophie générale, Xavier Quérat-Hément nous épargne heureusement les digressions habituelles théorisantes et peu opératoires. Sa posture générale n'est pas au service de l'esprit (la formule s'imposait), ni à celui de la hiérarchie ou de l'actionnaire, mais bien à celui du destinataire du service et de celui qui le fournit.

Concrètement, il faut, en face-à-face, du sourire (accompagnant les anciennes formations BMA pour Bonjour, Merci, Au revoir). Mais il faut surtout, tout le temps, en *back* comme en *front office*, de l'attention et de la considération. Et il en faut pour digérer l'ensemble des révolutions (servicielles, numériques) qui ont un puissant impact sur les traditionnels réseaux et métiers de service. Les attentes en termes de personnalisation de la relation vont probablement aller toujours croissant, et vont peser sur les organisations, au premier chef sur les personnels en contact direct avec un public de plus en plus exigeant (et ce public c'est nous tous).

Pour gérer cette centration nécessaire sur les clients et sur les relations avec eux, il ne suffit pas de les déclarer prioritaires. Il faut vraiment qu'ils le soient, mais (paradoxe ?) tout autant que les collaborateurs de l'entreprise. Une bonne relation de service passe d'abord, ou au moins aussi (si l'on peut dire), par une bonne relation de management. Un collaborateur satisfait est un collaborateur qui peut satisfaire. C'est peut-être là la principale leçon de l'« esprit de service » selon Xavier Quérat-Hément. Tout tient dans cette « symétrie des attentions » (en externe comme en interne) qui n'est cependant possible que dans l'unité de l'entreprise au regard de ses clients. Et ceci ne s'enseigne pas *ex cathedra*. Ceci ne s'impose pas. Le rôle du réformateur et du manager est de permettre les conditions de l'apprentissage, par appropriation.

Xavier Quérat-Hément ne nous raconte pas une histoire. Il monte en généralité à partir de ses observations et expériences. Le tout constitue maintenant un corpus de savoirs et propositions qu'il nous fait partager en quelques convictions, illustrations et tableaux de synthèse bien sentis. Il en ressort non pas une liste d'ingrédients pour la recette magique de la qualité, mais une véritable stratégie intégrée. Curieusement l'esprit de service n'est pas, d'abord, un état d'esprit mais une stratégie.

Nous rappelant, prosaïquement et sans lyrisme, que le capital de l'entreprise est d'abord du capital humain, cet ouvrage s'envisage et se déroule à partir d'une optique confiante et positive. Ce qui est rare aujourd'hui.

Julien DAMON
Professeur associé à Sciences-Po
www.eclairs.fr

Sommaire

Avant-propos — 9

Remerciements — 12

Préface par Julien Damon — 13

Chapitre 1 — 23

Face aux nouveaux enjeux économiques et sociaux, le besoin d'un nouveau modèle de management, fondé sur la notion d'écosystème de la relation de service

1-1	Société des services et économie servicielle	24
1-2	L'expérience client : les nouveaux enjeux de la relation client	27
1-3	Le multicanal et l'intégration des services : les nouveaux enjeux de l'organisation	36
1-4	La révolution numérique	37
1-5	Les réseaux sociaux	41
1-6	L'économie directe et les limites du « self care »	42
1-7	Les enjeux du service client à distance	44
1-8	Réhumaniser l'entreprise : nouveaux enjeux de la relation managériale	46

L'accroissement de la place des services dans l'économie, l'évolution des attentes de clients toujours plus exigeants pour le meilleur service au meilleur coût, la formidable poussée des nouvelles technologies, ont mis l'accent sur l'enjeu de la relation, de la nécessaire personnalisation des relations. Cette exigence conduit à repenser le modèle de management actuel.

Chapitre 2   53

L'Esprit de Service : des valeurs aux comportements, une nouvelle approche de l'alignement stratégique

2-1   Le besoin d'une nouvelle approche managériale ———— 53
2-2   Définition de l'Esprit de Service ———— 53
2-3   Des valeurs aux comportements :
la définition des attitudes clés de l'Esprit de Service ———— 60

L'Esprit de Service s'appuie sur l'attention portée aux collaborateurs pour établir une relation de service excellente et durable avec les clients. Aux attitudes de service avec le client répondent en miroir les attitudes de service des managers avec leurs collaborateurs. Cette symétrie consolide la déclinaison des valeurs de l'entreprise, la preuve par le discours et les actes. Pour l'entreprise, le chemin est exigeant : s'engager envers ses clients et ses collaborateurs et respecter la promesse.

Chapitre 3   71

L'Esprit de Service au cœur de l'expérience client : levier de différenciation stratégique de la relation client

3-1   Les attentes des clients : des basiques à l'effet WOW ———— 72
3-2   Le choix des attitudes de service ———— 80
3-3   Les attentes des clients : la suppression des irritants ———— 84
3-4   Les attentes des clients :
la prise en compte des réclamations ———— 86

L'Esprit de Service se définit à partir des caractéristiques de la relation que l'entreprise veut établir avec ses clients. Il en est à la fois le soubassement, le miroir et le gage. Son ancrage durable requiert l'adoption des

bonnes postures, la disparition des principaux destructeurs de confiance et de faire des réclamations l'occasion d'une expérience positive.

L'enjeu de l'Esprit de Service, c'est de trouver ce qui fonde son authenticité, sa singularité, au plus près des valeurs qui font l'identité de l'entreprise et qui font sens pour les collaborateurs. L'Esprit de Service révèle un état de vérité pour les clients et pour les collaborateurs.

Chapitre 4   91

L'Esprit de Service au cœur de l'excellence managériale

4-1   L'Esprit de Service : une évolution dans le management   92
4-2   Les nouvelles caractéristiques du management   97
4-3   La symétrie des attentions   100
4-4   Le nouveau rôle du manager   101
4-5   L'Esprit de Service, le modèle de management pertinent   104

Parce qu'il est relation, l'Esprit de Service est multiforme, vie et quotidien. La symétrie des attentions introduit de nouvelles perspectives dans le management des entreprises. Au manager, il est demandé de se comporter en coach. De penser sens, valorisation, reconnaissance, accompagnement. La confiance et la cohérence deviennent les maîtres mots : confiance des clients envers l'entreprise, confiance des collaborateurs envers leurs managers ; cohérence de l'entreprise dans son projet, son organisation, ses pratiques, son discours.

Chapitre 5   109

Les relations intermétiers/interservices : l'Esprit de Service au cœur de la coopération et de l'unité des entreprises

5-1   La nécessaire unité de l'entreprise _____ 109
5-2   La nature de la transversalité apportée
      par l'Esprit de Service _____ 112
5-3   L'Esprit de Service, par définition transversal,
      condition de la coopération durable _____ 115

La singularité du client qui peut entrer en relation avec l'entreprise par de multiples canaux impose à celle-ci de veiller à l'homogénéité de son image et à la qualité de la relation à chaque interaction. Dès lors, l'Esprit de Service doit être porté par tous ses acteurs de manière à créer une unité de comportements en toute occasion pour le client. La coopération au quotidien entre services démontre la force de l'engagement de l'entreprise tout en étant une source de motivation et d'innovations internes. Chacun est acteur de la chaîne du service. Le client perçoit la qualité du maillon le plus faible.

Chapitre 6   119

Le déploiement de l'Esprit de Service

6-1   La « formation » à l'Esprit de Service _____ 119
6-2   La conduite du changement _____ 126

Développer l'aptitude à l'Esprit de Service passe par des apprentissages qui sollicitent la confiance et l'inventivité des équipes. L'acquisition de ces nouvelles compétences ne se fera pas sans que les collaborateurs en aient compris le sens et l'intérêt pour eux et pour l'entreprise.

Chapitre 7   135

L'Esprit de Service et l'amélioration de la qualité du service

7-1	Qualité et Esprit de Service	136
7-2	L'Esprit de Service : au-delà de la qualité normative	140
7-3	La mesure de la qualité de service	144
7-4	La mesure de l'Esprit de Service	146
7-5	La réclamation	150
7-6	Le rôle clé de l'Esprit de Service dans l'amélioration continue	155

Esprit de Service et qualité ont des liens étroits, mais en mettant l'accent sur la relation, l'Esprit de Service donne à la recherche de la qualité du service une dimension nouvelle, axée sur les personnes, sur leur expérience vécue.

Chapitre 8 — 159

La mise en œuvre de l'Esprit de Service

8-1	Les principes à respecter	159
8-2	Les défis de la mise en œuvre	161

L'Esprit de Service ne s'improvise pas. Il se bâtit sur un socle : l'écoute de l'autre, le design de service, l'entreprise 2.0, collaborative et cocréative. La réussite de sa mise en œuvre requiert que toutes les activités de l'entreprise en soient imprégnées, que le rôle de chacun soit repensé dans le cadre global, que le sens et l'envie soient largement partagés.

Chapitre 9 — 167

L'Esprit de Service à La Poste

Si les engagements pris par La Poste sont le moteur de sa transformation, l'Esprit de Service en est le carburant. Il a permis d'exprimer les valeurs fortes de La Poste. Engagements et Esprit de Service agissent ensemble pour asseoir dans la durée une relation fondée sur la confiance avec les clients et avec les collaborateurs.

Annexes 181

Annexe I :	Mes convictions	182
Annexe II :	Proposition de définition de l'Esprit de Service	184
Annexe III :	Les standards de service en bureau de poste	185
Annexe IV :	Le Groupe La Poste en pointe pour promouvoir l'Esprit de Service	186
Annexe V :	La roue du service	187
Annexe VI :	L'Esprit de Service, fondement du projet de norme européenne sur l'excellence du service. Point sur les travaux du groupe de travail AFNOR	188
Annexe VII :	Le Directeur Expérience Client, acteur clé du management de l'Esprit de Service, tribune publiée dans la revue « Cultures Services » n° 7	190
Annexe VIII :	La commission nationale des services	192
Annexe IX :	La Fête des Services	199
Annexe X :	L'originale démarche Investors In People	202
Annexe XI :	La création du club ANVIE « Esprit de Service & Innovation managériale »	204
Annexe XII :	Standards de service et attitudes de service	208
Annexe XIII :	Le Groupement des Professions de Services	210
Annexe XIV :	La DGCIS, Direction Générale de la Compétitivité, de l'Industrie et des Services	214
Annexe XV :	L'Institut Esprit Service	215
Annexe XVI :	NEKOE Cluster	216
Annexe XVII :	AFNOR	217
Annexe XVIII :	AFQP, Association France Qualité Performance	219

Bibliographie 221

Chapitre 1

Face aux nouveaux enjeux économiques et sociaux, le besoin d'un nouveau modèle de management, fondé sur la notion d'écosystème de la relation de service

L'Esprit de Service n'est pas une nouvelle mode en management, un succédané revisité de l'orientation client qui a fait les beaux jours de la littérature d'entreprise depuis vingt ans.

L'Esprit de Service tel que je le conçois – et en découvre les implications au fil de sa mise en œuvre –, est un nouveau modèle de management. S'il prend appui sur bien des éléments qui sont apparus progressivement en observant l'évolution des pratiques des consommateurs et des organisations – lien fondamental entre gestes et valeurs, symétrie des attentions attendues par les clients et les collaborateurs, écosystème de la chaîne de valeur du service, développement de la participation de tous, place prise par les émotions, porosité générale des organisations –, il transmet également une manière nouvelle et dynamique qui en fait l'originalité et la force.
Originalité, parce qu'il bouleverse des habitudes profondément ancrées. Plus que l'organisation et le processus, c'est l'homme et la

relation qui détermine la performance. Beaucoup d'entreprises et d'administrations le démontrent déjà dans notre pays. Oui la réforme est possible en France !

Force, parce qu'il est en adéquation avec l'environnement qui a émergé, l'« ère du co » (cocréation, collaboratif, coopération). C'est parce qu'il est en phase avec l'air du temps que l'Esprit de Service a toute légitimité et devient une ardente obligation pour toute organisation, entreprise et service public. La qualité de la relation va devenir l'élément différenciant entre les entreprises. C'est ce que je voudrais montrer ici.

1-1 Société des services et économie servicielle

Il y a quelques années, un rapport[1] constatait que le secteur des services représentait 70 % de l'emploi et de la valeur ajoutée de l'économie dans l'OCDE, assurant ainsi la quasi-totalité de la croissance de l'emploi. L'expansion de ce secteur, qui ne cesse de se poursuivre, s'explique d'abord par la mondialisation, consommatrice de services intermédiaires, phénomène rendu possible par trois facteurs :

- les nouvelles technologies, notamment le développement des réseaux à haut débit et les possibilités croissantes de numérisation des services ;
- la réforme de la réglementation et la libéralisation des échanges ;
- la naissance d'un marché mondial de travailleurs hautement qualifiés.

L'importance accrue des services dans l'économie s'explique aussi par l'évolution de la demande des clients, rendus plus exigeants en raison

---

1. Les services et la croissance économique ; emploi, productivité, innovation. Réunion du conseil de l'OCDE au niveau ministériel de 2005.

de l'accroissement de leur niveau de vie et du renforcement de la concurrence dans l'offre. À partir des années 1975, le niveau d'éducation plus élevé, la saturation des besoins vitaux conduisirent les clients à se montrer plus sélectifs. La concurrence, devenue plus vive, poussa les entreprises à s'interroger sur la satisfaction des besoins de leurs clients. Les démarches qualité furent lancées, d'abord pour « garantir la promesse ». L'enjeu était de se différencier des autres concurrents en livrant un produit conforme aux spécifications et aux attentes, bref en affichant une réputation étayée de sérieux, confortée par l'obtention de certifications. Et pour prouver son « orientation client », l'entreprise se mit à accueillir les réclamations des clients, alors qu'elles étaient jusque-là ignorées, voire dédaignées.

Depuis lors, l'écoute du client devint un leitmotiv et tout fut fait au sein des entreprises pour réduire l'écart entre qualité voulue, attendue, livrée et perçue. Désormais la satisfaction des clients n'est plus limitée au produit. La différenciation entre fournisseurs ne se fait plus uniquement sur la qualité des produits, devenue identique ou maîtrisée, mais sur le service[2]. Et la conséquence de cette évolution a été le développement d'activité de vente par correspondance, et donc de logistique, ainsi que la constitution de centres SAV pour assurer le service de bout en bout.

On le sait à présent avec certitude, désormais la fidélisation commence dès la première entrée en relation (face-à-face ou à distance) et le parcours client va au-delà de l'acte d'achat et même de l'usage du produit ou service pour se traduire dans le partage d'expérience via le dépôt d'avis de consommateurs.

---

[2]. « *Nos clients attendent plus qu'une place de stationnement, ils attendent des services qui les accompagnent et leur facilitent la vie de tous les jours* »
Denis Grand P-DG Vinci Park. Source : *Servir ou disparaître*, Martine Calligaro et Jean-Jacques Gressier, éditions Vuibert.

Le nouveau credo des consommateurs s'exprime autour de l'expérience vécue, lors de l'interaction comme dans l'usage du produit ou service, dans une relation globale à la marque : « Facilitez-moi la vie, rendez-la moi plus simple, moi qui cours toute la journée, accompagnez-moi, mais sans me déranger ! ».

Ajoutons, pour compléter cette description de l'accroissement de la place des services dans l'économie, le vieillissement de la population dont le besoin de proximité et de confiance s'est traduit par le renforcement des services de soins et d'aide à la personne.

> **Caractéristiques du service**
>
> C'est par le service que les entreprises cherchent à se différencier. Mais la maîtrise du service est complexe. Il est instantané, sa production n'est pas planifiable. Il est fugace, on ne peut le réparer comme un produit. Il est, par ailleurs, facilement copiable par un concurrent. Le client veut qu'il soit rapide, simple, personnalisé, authentique.

En France, les services représentent 85 % de la croissance depuis 1960, 77 % des effectifs salariés et la totalité des créations nettes d'emplois[3]. C'est dire l'importance de ce secteur pour l'économie et l'emploi, d'autant qu'il contribue à la croissance du secteur industriel qui « recourt de plus en plus, à titre de soutien et d'intrants, à des services à la production efficients et d'un bon rapport coût-efficacité »[4]. On voit donc

---

3. Cabinet Oliver Wyman, Services : *les enjeux de la compétitivité française à l'horizon 2025*, 2011.
4. *Les services et la croissance économique. Emploi, productivité, innovation*, rapport issu de la réunion de mai 2003 du conseil des ministres demandé à l'OCDE, OECD Publishing, 2005. Cf. plus récents les baromètres du Groupement des professions de services.

bien l'intérêt de renforcer les conditions de prestations d'un service compétitif.

Ce qu'il est primordial de comprendre, c'est que cette évolution n'en est qu'à ses prémices. Ces tendances vont s'accentuer et constituer le socle du système économique. Dans 10 ans, environ 30 à 50 % de la marge des industriels sera réalisée sur leurs offres de services (contre 15 % en 2011). L'économie des services s'industrialise, se mondialise. Dès lors, les adaptations organisationnelles qui ont eu lieu au cours des dernières années vont devoir se transformer en fondamentaux managériaux.

1-2 L'expérience client : les nouveaux enjeux de la relation client

L'environnement économique et social évolue rapidement. Et la demande du client tout autant, mais les réponses apportées jusqu'à présent deviennent insuffisantes pour ne pas dire inadaptées. Voyons en quoi.

Partout, quel que soit le domaine d'activité, la satisfaction du client est mise en avant. Le client a des droits, il est le centre des préoccupations, ses réclamations sont accueillies et - prises en compte - car elles peuvent être source de progrès et de meilleure performance future ; tout est fait pour le remercier de ses achats, pour le fidéliser pour qu'il renouvelle ses achats. Il est sondé sur ses intentions, interrogé sur ses besoins, mesuré sur sa satisfaction. Il est roi. Mais comment se caractérise son « bon plaisir » maintenant ?

> **Une définition de l'expérience client**
>
> L'expérience client se définit par la façon dont le client perçoit l'ensemble de ses interactions avec l'entreprise. Frédéric Lobermann, directeur marketing expérience client d'Orange France, précise qu'il s'agit de « ce que vit le client pour un motif donné de contact, jusqu'au moment où il estime avoir obtenu une réponse à sa demande ». Le fonctionnement en silos, l'absence de connexion entre les canaux de relation client, le « Ça, c'est pas nous ! » constituent alors autant de destructeurs de l'expérience client. Mais attention, manager l'expérience client ne se résume pas au management des interfaces aux différents moments du parcours client. Comme le rappelle le professeur Christophe Benavent, la relation constituant le premier déterminant de l'expérience client, la prise en compte des dimensions émotionnelle et symbolique est essentielle. Il s'agit bien de veiller à la qualité de la relation entretenue avec la marque, sur la durée, et non pas seulement tout au long du parcours client. L'importance de la confiance, de la réputation, de la communication de la marque ressort ici.

Comme on va le voir, la mutation est significative et rend les réponses complexes. L'achat ne peut être banal, « normal »[5]. L'acte d'achat, le parcours qui l'accompagne, la consommation et l'usage des produits et services doivent désormais constituer une expérience pour le client. Ce dernier veut tout d'abord pouvoir se procurer des objets nouveaux, qui le fassent rêver, s'étonner, s'enthousiasmer : la dernière tablette aux fonctionnalités toujours plus étonnantes, le séjour de vacances dans un décor paradisiaque ou encore l'excursion que personne n'a faite. Mais dans cet acte d'achat lui-même, il veut également que l'expérience d'interaction qu'il va vivre avec la marque et les collaborateurs soit singu-

---

5. La publicité pour les voitures fait valoir qu'elles sont suréquipées.

lière, qu'elle soit en cohérence avec l'expérience d'usage qu'il aura du produit ou service. C'est le deuxième aspect de son bon plaisir : se singulariser. Sa voiture doit être personnalisable, par le choix des couleurs, par le nombre de ses options. À l'ère de la consommation de masse, il veut être unique. Au milieu de la foule des autres anonymes, il demande à être identifié, connu, c'est-à-dire reconnu ; être considéré, c'est-à-dire exister en tant que personne. Il est conscient que dans ce monde complexe, il a le pouvoir de choisir. Il veut être aiguillé, accompagné, rassuré. Il n'est plus un client, il est le client. Il sait qu'il peut exprimer ce qu'il est en privilégiant tel ou tel achat : choisir des aliments labellisés agriculture biologique, préférer une bouteille d'eau minérale recyclable à 100 %. Il a aussi besoin de se comparer.

Ce qui lui importe, c'est le statut que lui confère l'achat, c'est la relation que l'acquisition du bien ou du service va lui permettre d'établir. Et cette relation, qui est reconnaissance de son existence, commence dès le premier contact – ce peut être par le bouche-à-oreille – avec le fournisseur et doit se maintenir sans faille, durablement. Son attente se situe désormais au sommet de la pyramide de Maslow[6] : le besoin d'estime et de rêve.

Certes, le client souhaite un produit ou un service innovant, renouvelé. Mais le produit ou le service en lui-même ne suffit plus. Nous l'avons dit précédemment, c'est l'expérience client qui devient essentielle. Les « conditions générales de vente » révèlent là toute leur importance. Celles écrites traditionnellement en caractères difficilement lisibles pour lesquelles il réclame plus de transparence ; celles

---

6. La pyramide de Maslow est une classification hiérarchique des besoins humains : besoins physiologiques, besoin de sécurité, besoin d'appartenance, besoin d'estime, besoin de s'accomplir. Pour Maslow, le consommateur passe à un besoin d'ordre supérieur quand le besoin de niveau immédiatement inférieur est satisfait.

> **La valeur pour le client, au cœur de l'expérience client**
>
> L'approche par l'expérience client met en exergue l'enjeu de la valeur pour le client. Du fait du caractère global de l'expérience client, la valeur pour le client dépasse la simple dimension économique. Nous définissons cinq composantes de la valeur pour le client :
> - la dimension prix ;
> - la dimension usage ;
> - la dimension symbolique ;
> - la dimension émotionnelle ;
> - la dimension confiance.

surtout qui entourent l'acte d'achat, sont symptomatiques de l'engagement de l'entreprise dans l'expérience client. Celle-ci ne doit pas être une corvée, mais être simple, facile, et rapide ; une expérience positive. Le client nouveau s'attend à un sans-faute, il demande efficacité et simplicité, respect et bon accueil[7]. Et quand cette exigence n'est pas au rendez-vous, il veut pouvoir faire connaître son mécontentement - et il a les moyens de le faire ! -, obtenir réparation. Il n'y a plus de circonstances atténuantes qui vaillent[8].

Ainsi, simplifier le produit ou le service et maximiser leur impact en termes de simplification de la vie du client, forger une relation personnalisée et respectueuse sont les premiers aspects du nouveau cahier des charges. Il faut cependant aller plus loin.

---

7. 86 % des consommateurs déclarent que l'expérience avec un service client a un impact sur leur perception de la marque (source : American Express 2011).
8. 75 % des expériences négatives sur un produit ou un service n'ont aucun rapport avec le produit en lui-même mais avec tout ce qui l'entoure (étude de Customer Genius).

Le dialogue et la considération[9] que le client réclame impliquent une relation à double sens. Le client nouveau possède une culture, il est informé[10]. Il cherche à savoir, questionne, recherche, fouille : avant de consulter le médecin, il est allé surfer sur la toile sur les sites spécialisés et s'étonnera en conséquence du diagnostic posé ou de l'ordonnance prescrite. Il connaît les caractéristiques des produits et services, leur composition, leurs avantages comparés. Il veut en comprendre le fonctionnement, en connaître toutes les potentialités et ainsi être à la hauteur des concepteurs. Il se veut acteur, contributeur, partie prenante de l'acte d'achat. Parfois même, il est innovateur en réinventant le produit ou le service au travers de nouveaux usages. Il demande à être éduqué[11], à être associé. Cette « formation » qu'il revendique est un gage d'attachement à l'entreprise. La propreté, la quiétude dans les trains, c'est aussi son affaire. Le e-commerce migre vers le we-business[12]. Si son opérateur Internet lui propose un service qui supprime les publicités qui précèdent le visionnage de films en ligne, le client n'accepte pas que cette fonctionnalité lui soit imposée par défaut. Il veut pouvoir lui-même activer ce dispositif. Dans cette « ère de la contribution », l'expérience client réussie débouche sur l'engagement du client dans le développement de la marque ! Du respect de la promesse de base à l'engagement du client, une nouvelle pyramide de Maslow de l'expérience client se dessine.

---

9. Plus de 6 fois sur 10 le relationnel est invoqué comme motif de rupture entre le client et la marque loin devant les défaillances produits et l'aspect financier.
10. Plus de 90 % des consommateurs se renseignent sur Internet avant d'aller en magasin (source : Oliver Wyman, Croître via le digital : comment garder la maîtrise des clients et de la rentabilité ?, 2012).
11. BNP Paribas organise des ateliers pédagogiques appelés « parlons vrai » pour mieux informer les clients sur des sujets qui leur paraissent complexes.
12. Économie où la relation entre l'entreprise et le client est mutuelle.

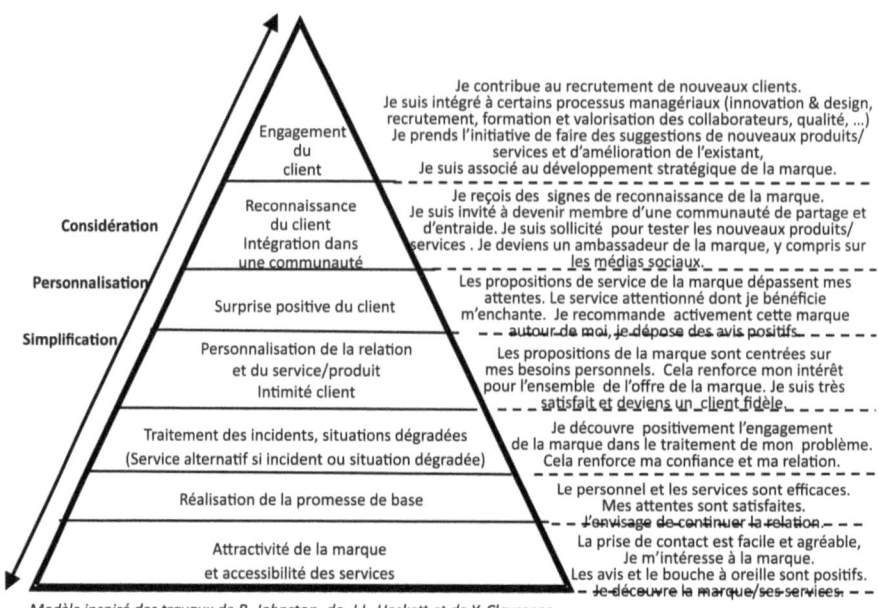

Pyramide de l'expérience client

Dans ce contexte où l'expérience client est déterminante pour la définition de la stratégie de l'entreprise, le caractère « complexe »[13] et « paradoxal » du client vient ajouter un facteur de complexité devant lequel les modèles classiques d'organisation et de management sont

---

13. Selon la chercheuse Sherry Turkle dans son livre *Alone Together*, même ensemble, on est « seul » : « *Nous utilisons des objets inanimés pour nous convaincre que même quand nous sommes seuls, nous nous sentons ensemble. Et puis, quand nous sommes avec d'autres, nos appareils mobiles nous mettent constamment en situation où l'on se sent seul. Ces objets induisent une très grande confusion sur ce qui est important dans les relations humaines.* ».

battus en brèche. Car le client semble vouloir tout et son contraire. Il veut décider seul mais être assisté. Il est impatient mais il ne faut pas le presser. Il recherche la personnalisation, mais il veut que ses informations personnelles ne soient pas accessibles et se méfie de l'intrusion des marques. Il est individualiste mais se regroupe dans des communautés. Il se définit comme libre mais se nourrit des avis des autres[14]. Le client individualiste cherche en fait la relation aux autres[15].

C'est l'ère du « Click to Chat » et du « Web Call back », du ROPO (Research On Line, Purchase Off Line), des sites comparateurs et des communautés, de l'interaction permanente, en jonglant entre la technique et l'humain.

L'entreprise doit apprendre à comprendre et à vivre avec cette complexité, cette versatilité. Or elle est hiérarchie, processus, procédures. Cela va requérir de sa part une profonde adaptation pour être agile, rapide, réactive. Cela ne peut se faire brusquement. Il lui faut se mettre en posture de l'adaptation permanente, dans le respect des objectifs, des acteurs et des budgets. Elle a su acquérir la maîtrise de ses processus pour fiabiliser sa production. Elle a lutté contre le cloisonnement pour orienter son activité vers la satisfaction des clients. Elle a appris à écouter les clients, à capter leurs attentes, à réagir à l'évolution de leurs besoins. Elle a su évoluer et tirer parti des réclamations, source

---

14. Cf. travaux réalisés au sein de l'AFNOR, pilotés par Raphaël Colas, qui ont abouti à la publication de la norme NF Z 74 501 « Avis en ligne de consommateurs » le 4 juillet 2013.
15. Voir études de Trend Observer. Chaque année depuis 1997, Trend Observer détecte, explicite et hiérarchise les tendances qui vont se développer dans le futur. L'analyse repose sur plus d'une soixantaine d'interviews conduites dans six pays auprès de *trend setters* et d'experts, ainsi que sur une veille annuelle réalisée dans chaque pays. L'étude est reconduite chaque année. Périmètre géographique en 2011 : France, Grande-Bretagne, Suède, Italie, États-Unis, Japon.

d'amélioration. Elle a construit des techniques[16] pour cibler très précisément ses clients en fonction de leurs habitudes d'achats, de leurs goûts, de leurs fréquentations, de leurs lectures. Elle met à leur disposition de multiples canaux, fils d'Ariane. Elle se lance dans des plateformes collaboratives. C'est ainsi qu'émergent de nouveaux métiers comme le *community manager* – nouvelle fonction symptomatique de l'importance prise par la relation, renommée conversation sur les médias sociaux – chargé d'interagir avec les différentes communautés de clients, par médias sociaux interposés.

Tout ceci fut nécessaire et opportun mais n'est plus suffisant. Si les outils de la relation client ont permis de prendre en charge le client, l'automatisation et l'anonymat de cette relation, le décalage entre l'affirmation d'un client au centre des préoccupations et le vécu des clients, a suscité une attitude de rejet vis-à-vis des entreprises ou tout du moins de méfiance. Le défi des entreprises va être de développer une culture du client faite d'écoute certes, mais aussi de dialogue, et de respect mutuel. La fidélisation ne peut plus être conçue comme une technique de captation mais comme le résultat d'une estime et d'une confiance. La nouvelle relation que doivent chercher à établir les entreprises repose désormais sur des valeurs. Ces valeurs ne sont pas des slogans, mais émanent d'un destin commun éprouvé, d'une histoire partagée.

Les Anglo-Saxons n'hésitent pas à dire : « we love our customers ». Cela implique pour l'entreprise de dire la vérité, de savoir reconnaître ses torts (rappel de véhicules par exemple ou encore dédommagement en cas de retard de trains), mieux encore de se montrer responsable, d'avoir un comportement éthique. L'entreprise avait appris à

---

16. « Data mining » : action de collecter, trier, décortiquer, analyser les milliards de données qui circulent sur la toile.

communiquer. Elle s'aperçoit que les règles ont changé : les réseaux sociaux sont susceptibles de créer le « buzz » et de provoquer un effet de bouche-à-oreille aux effets plus efficaces ou plus dévastateurs, selon le cas, que les campagnes de communication traditionnelle.

Tel est par exemple le cas de ce comédien qui décide de créer un blog, afin de dénoncer la qualité du service après-vente d'un constructeur automobile. Il invite ses connaissances sur Facebook à venir témoigner de leur déception. D'ailleurs, l'auteur de ce blog explique : « *Après des années de fidélité à XXXX, je suis très déçu par la solidité de leurs véhicules (où sont les « increvables » XXX d'antan ?) et par la façon qu'a la marque de gérer ses relations avec sa clientèle. Je raconterai bientôt mes récentes mésaventures mais cet espace est aussi le vôtre.* ».

L'entreprise avait misé sur la technologie. Il lui faut mettre de l'humain dans les relations. Elle doit établir durablement une relation confiante, dans un univers social marqué par le principe de précaution, où la défiance[17] est forte, renforcée par l'insistance des médias à mettre le projecteur sur les corruptions, tromperies et autres malveillances.

---

17. La société française se situe au 5e rang (sur 24 pays étudiés) quant à la part des personnes qui déclarent n'avoir « aucune confiance » dans son Parlement... derrière des pays comme le Mexique, la République tchèque ou la Turquie, de loin le premier pays d'Europe occidentale. La même société française est au 3e rang quant à la part des personnes qui déclarent n'avoir « aucune confiance » en la justice... et au 4e rang quant à la proportion des personnes qui estiment que « pour arriver au sommet, il est nécessaire d'être corrompu ». La défiance concerne également les médias... et les marques : 78 % des Français déclarent « considérer les marques avec méfiance » et 69 % d'entre eux estiment « qu'elles essayent de les berner ». 75 % des Français estiment que les entreprises sont plus préoccupées par le profit que par l'amélioration de la qualité des produits et des services. Ils sont aussi 75 % à considérer que les grandes entreprises s'entendent pour maintenir leurs prix à un niveau élevé (source : J.-J. Gressier Académie du service).

Le chemin à parcourir sera long : si 55 % des entreprises mesurent la satisfaction liée au traitement des réclamations, seulement 27 % réalisent des enquêtes de satisfaction postréclamation[18]. Le véritable intérêt manifesté pour satisfaire le client n'est pas évident à la lecture de ces chiffres. C'est pourtant à cela que veut s'attaquer l'Esprit de Service, se saisir de cet enjeu complexe mais essentiel.

1-3 Le multicanal et l'intégration des services : les nouveaux enjeux de l'organisation

L'analyse historique enseigne que demandes des clients et structures d'organisation sont étroitement associées. La révolution industrielle, à l'aube du XXe siècle, a ainsi produit le taylorisme. Les systèmes qualité ont été la réponse aux exigences de qualité des produits. Si historiens et économistes s'accordent généralement sur ce lien, il y a toutefois débat pour savoir, de la technique ou de la demande, laquelle est première. L'analyse économique a tendance à dire que c'est le progrès technique qui engendre les modalités de consommation. Il serait premier et induirait les caractéristiques de la demande en lui permettant de se concrétiser.

En fait, les consommateurs sanctionneraient une technologie en l'adoptant ou en la rejetant. Certains auteurs[19] affirment ainsi qu'« *une révolution industrielle ne peut avoir lieu sans que n'évoluent les structures de consommation des ménages, de manière à intégrer ou à favoriser l'émergence des nouvelles technologies* ». Et de conclure qu'« *il existe des*

---

18. AMARC : Association pour le management de la réclamation client.
19. David Flacher et Benjamin Labarthe-Piol : *Révolutions industrielles, modes de consommation et formes de l'échange*, Les cahiers du CREA, n° 06, septembre 2003, et Jeremy RIFKIN : *La troisième révolution industrielle, comment le pouvoir latéral va transformer l'énergie, l'économie et le monde*, éditions LLL : Les Liens qui Libèrent, 2012 (traduction de l'original paru en 2011).

ruptures dans les structures de consommation, que ces ruptures peuvent s'expliquer par des révolutions commerciales[20] qui contribuent à produire la nouvelle demande ; que l'évolution des structures de consommation apparaît consubstantielle aux révolutions industrielles. Il ne peut y avoir de révolution industrielle sans une transformation des formes de consommation ou plus précisément sans que la structure de consommation ne se déforme en faveur des biens nouveaux ou intégrant les nouvelles technologies de l'époque considérée ».

Une modification substantielle de la forme d'échanges entre les individus induit une modification des comportements de consommation, rendant obsolètes les modes d'organisation de l'entreprise. Il nous faut donc nous interroger sur les conséquences des évolutions à venir ou déjà intervenues dans les demandes des clients dans le management des entreprises, alors qu'Internet et les terminaux mobiles révolutionnent les modalités d'échanges à l'échelle planétaire.

Mais, d'abord, passons en revue les évolutions des modes d'échanges, dues aux nouvelles technologies et leurs conséquences sur l'attitude des clients.

1-4 La révolution numérique

Quelques chiffres pour décrire et situer le nouveau paysage créé par Internet[21]. Selon le cabinet McKinsey, Internet générerait 8 000 milliards de dollars chaque année et représenterait 21 % de la croissance des

---

20. Les révolutions commerciales sont des transformations profondes des formes de l'échange : boutiques au XVIIIe siècle, grands magasins au XIXe siècle puis grandes distributions au XXe siècle ou encore transports maritimes au XVIIIe siècle, rail au XIXe siècle, avion au XXe siècle, Internet maintenant.
21. Rapport McKinsey, décembre 2010.

pays développés sur les 5 dernières années. Le Web compterait 340 millions de sites et 2 milliards d'internautes. En 15 ans, Internet aurait élevé le niveau de vie des pays développés dans la même proportion que ce que la révolution industrielle avait permis en 50 ans au XIXe siècle.

Les entreprises qui utilisent Internet se développent plus vite que les autres. Elles se font connaître dans le monde et des entreprises de petite taille ont ainsi accès à de nouveaux marchés. En quatre ans, Sarenza a accru ses ventes de chaussures en ligne, passant de 4 à plus de 100 millions d'euros. Les consommateurs bénéficient aussi largement du Web grâce aux économies réalisées par les achats en ligne. Selon l'étude de McKinsey, l'excédent du pouvoir d'achat réalisé serait de 7,25 milliards d'euros en France. Autre exemple de l'apport d'Internet : associé au courrier électronique, il permet aux personnes vivant dans des lieux éloignés de recevoir des produits ou des services sans avoir à se déplacer.

Mais pour notre sujet, l'Esprit de Service, les conséquences d'Internet sont d'une tout autre nature.

La première particularité du Web est son interactivité puisqu'il permet de recevoir et d'émettre des informations et ce à une très grande vitesse.

La seconde est l'accès qu'il donne à l'information au travers de moteurs de recherche, consultables de n'importe où et sur d'innombrables sujets. La conséquence est une modification des comportements, la création de nouveaux types de rapports sociaux, l'augmentation exponentielle des possibilités (mais attention à l'« infobésité » !), d'une part l'isolement des individus face à leur écran, de l'autre le développement de liens sociaux, la porosité entre la vie personnelle et professionnelle.

C'est ainsi qu'Internet joue un rôle croissant dans l'échange d'informations entre clients sur leurs appréciations des marques et des produits. Selon le baromètre TestnTrust/EasyPanel, réalisé en mars 2013, 82 % des Français déclarent lire des avis de consommateurs et 57 % d'entre eux disent avoir déposé au moins un avis dans l'année. 89 % les jugent utiles et 81 % les jugent fiables, ce dernier chiffre marquant une baisse de 8 points en 2 ans (TestnTrust/EasyPanel, août 2012). Les Français sont les champions d'Europe du dépôt d'avis. Selon Thierry Spencer, co-fondateur avec Frédéric Hougard du site d'avis TestnTrust, si l'on se livre à une extrapolation, on approche le chiffre de 88 millions d'avis déposés par les Français chaque année !

L'information devient une donnée essentielle pour le client, mais aussi pour les marques. Ainsi, en juillet 2012, l'AFP écrivait : *« Le chômage, les "data miners" ou "fouilleurs de données" ne connaissent pas : les e-commerçants s'arrachent ces as des maths, qui font parler vos données pour deviner votre marque de baskets préférée. ».* Et la dépêche de préciser : *« Dans le "data mining", les salaires peuvent s'élever très facilement de 40 000 à 100 000 euros brut annuels, selon les patrons de Sarenza et de Criteo. ».*

Le gouvernement anglais s'est inspiré de ce constat pour modifier les rapports entre les citoyens et les services publics et accroître leur qualité. Le Premier ministre anglais, Gordon Brown expliqua ainsi sa décision : *« Les utilisateurs d'Internet considèrent comme une évidence d'avoir accès à des commentaires d'utilisateurs avant d'acheter quelque chose sur eBay ou sur Amazon, et pourtant, nous n'avons pas accès à de tels commentaires avant de choisir un hôpital ou une maternelle. [...] Il existe clairement un déséquilibre en notre défaveur quand on voit que les entreprises en ligne ont des critères de qualité et de transparence supérieurs à ce qu'offrent les services publics que nous payons tous et que nous soutenons. »* Et de poursuivre : *« (Cela) sera une révolution de l'information qui permettra aux parents, aux patients et aux citoyens de partager leurs informations et leurs expériences concernant les performances des écoles, des hôpitaux ainsi que des forces de police. ».*

Nous avons aussi en France heureusement la grande armée des « transformateurs », les « transformers » ! ou les qualiateurs comme nous les appelons à La Poste ! Une grande armée qui a remporté de magnifiques victoires sur le « c'est pas possible ! », le fatalisme et le « à quoi bon » ! (Service des impôts, Monnaie de Paris, SNCF, RATP, La Poste, APHP, malgré les grandes difficultés liées à la coexistence de deux mondes, médecins non médecins, aux logiques si différentes). Il reste à faire assurément beaucoup dans les collectivités territoriales, l'école, les grands services publics régaliens. Cela passe par la redéfinition des missions, plus que par la réduction automatique des effectifs, par la connaissance des attentes, par la mesure de la satisfaction. C'est la révolution copernicienne appelée de ses vœux par Pierre-Marie Vidal au fil des numéros de *Acteurs Publics*.

C'est aussi tout l'enjeu de la transparence et du faire savoir, de l'*open data*, de la mise en place des premières plateformes type « Parlement & Citoyens » (@Parl_Citoyens), de l'avènement du « citoyen digital », de la « démocratie numérique », au cœur des *smart cities*.

Voilà le citoyen acteur qui participe, qui donne sa satisfaction, qui a les moyens de juger, qui fait largement connaître sur les réseaux sociaux (la nouvelle agora) son appréciation. Voilà l'élu bientôt obligé de rendre compte très régulièrement sur les résultats concrets de ses actions.

Le monde transformé par Internet est fondé sur la mise en relation. S'y échangent des informations, des opinions, des savoirs, des connaissances, des pratiques, des flux financiers. Les rumeurs côtoient les analyses rigoureuses. Le pire et le meilleur s'y retrouvent. Dès lors, les entreprises n'ont plus la totale maîtrise de leur communication[22], ce qui

---

22. 56 % des internautes français disent ne pas avoir confiance dans l'information publiée sur les sites d'entreprises (source : Medef).

les pousse à surveiller les réseaux sociaux pour identifier au plus vite les signes d'insatisfaction. Mais inversement on dénombre arnaques, fraudes et non-respect de la réglementation, ce qui a un impact certain sur la confiance des consommateurs[23]. CNIL, DGCCRF et autres organes de contrôle entrent en jeu, entre protection et rigidité.

Formidable vecteur de communication, Internet bouleverse les rapports sociaux qui cherchent un nouvel équilibre et de nouvelles modalités dans la constitution de réseaux, dans la levée des fonds (*crowdfunding*). Chacun est à la fois client, responsable, collaborateur, il n'y a plus de frontières. Tout est mobilité.

1-5 Les réseaux sociaux

Ces plateformes permettent à des individus ou à des organisations d'être connectés et d'interagir entre eux. Là encore les chiffres parlent d'eux-mêmes : en France, on estime le nombre d'utilisateurs sur Facebook à 23 millions, chacun passant en moyenne par mois 14 % de son temps. 74,3 % de la population utilisent Internet et 77 % des internautes français font au moins partie d'un réseau social[24]. Tout est dit : les réseaux sociaux sont un puissant levier de communication à la réactivité fulgurante. Pour l'entreprise, le risque est clair : une gestion d'un événement jugée inappropriée et les répercussions peuvent être mondiales. On avait coutume de dire qu'une personne insatisfaite le faisait savoir à une quinzaine d'autres de ses relations. Le chiffre s'élève potentiellement à plusieurs milliers désormais !

Cette perspective n'est pas encore la règle : 94 % des internautes disent n'avoir jamais critiqué une marque sur les réseaux sociaux et seuls 25 %

---

23. Credoc, *L'impact du commerce électronique en matière de soldes et de promotions*, avril 2011.
24. Ifop, 2011.

se disent prêts à appeler leurs contacts au *boycott*. Quant aux 16 % des internautes qui suivent des marques sur les réseaux sociaux, ils disent le faire, certes principalement pour bénéficier de bons plans et de réductions (64 %), mais également pour connaître les nouveautés (58 %) et suivre l'actualité de la marque (56 %) et, au final, ils estiment être mieux informés sur l'actualité de la marque (88 %), mieux connaître leurs produits et services (78 %), être plus proches de la marque (60 %).

La conclusion s'impose : il n'est pas possible pour les entreprises d'ignorer ce nouveau mode d'échanges, dont la particularité est de pouvoir s'immiscer à tout instant dans leur fonctionnement. D'où la mise en place de cellules plus ou moins importantes, chargées d'écouter ce qui se dit sur elles sur les réseaux sociaux. Ces cellules quittent d'ailleurs le service communication pour venir désormais se développer au sein des dispositifs de relation client.

1-6 L'économie directe[25] et les limites du « self care »

On assiste depuis quelques années à une autre évolution dont Ikea fut l'un des précurseurs : le transfert au consommateur de la réalisation de certains aspects du processus de production. Lorsque la livraison au domicile, le « dernier kilomètre » du transport et le « montage » du meuble sont réalisés par le client, il y a bien un transfert. De même, lorsque le voyageur commande son billet en ligne et imprime le ticket. Le client coproduit le service. Pour la RATP, par exemple, le client coproduit également la qualité du service car le comportement du client-voyageur a une influence sur la qualité du service pour tous : c'est la « BUS Attitude ». C'est valider spontanément son ticket en entrant dans le bus, pour que la qualité ne soit pas dégradée pour l'en-

---

25. Dr Xavier L. Comtesse, *De l'économie directe, La révolution productive : un modèle de transfert vers les usagers*, ThinkStudio, septembre 2006.

semble des passagers (sinon le bus attend). Tout le monde est partie prenante de la qualité produite, chacun coproduit le service. Par extension, dans les bureaux de poste, aller sur l'automate pour retirer de l'argent ou acheter un carnet de timbres, plutôt que d'aller aux guichets, c'est aussi libérer du temps pour permettre aux agents de se consacrer à des tâches à plus forte valeur ajoutée (le conseil) pour d'autres clients et plus valorisantes pour eux. C'est, côté client, peut-être, bientôt, « l'ère du client responsable » (qui ne demande pas tout et son contraire car il a conscience des coûts qu'il génère) que l'on doit souhaiter (les entreprises dépensent en effet actuellement des fortunes pour mettre en place de multiples canaux toujours plus évolués, sans savoir si les clients ne les quitteront pas durant leur parcours).

Cette participation, requise du client, modifie la chaîne de création de valeur, en accroissant la productivité. C'était d'ailleurs souvent l'objectif premier des entreprises qui développèrent cette approche ou des entreprises se lançant dans le *low cost*.

Mais cette introduction du client dans le processus aboutit maintenant, couplée avec Internet, à une transformation des termes économiques. L'économie devient « directe », faisant du client un acteur de cette coproduction et supprimant certaines des intermédiations existantes. Les consommateurs deviennent des consomm'acteurs[26] ou consomm'auteurs[27]. C'est le *self care*. La mise à disposition d'outils automatisés fait réaliser par le client des opérations qui nécessitaient auparavant des interactions avec des services techniques ou commerciaux : démarches administratives, courriers, virements bancaires, commandes d'ouvrages, mais aussi information sur un produit, recherche

---

26. Expression créée par le Dr Xavier L. Comtesse, *Dartfish, Logitech, Swissquote et Co*, Éditions du Tricorne, janvier 2005.
27. Expression forgée par Joël de Rosnay.

de pannes, impression de timbres-poste, réglage d'appareils. La liste des possibilités offertes s'accroît au fil des jours, et déclasse dans le même temps un grand nombre d'activités plus traditionnelles.

Toutefois, tous ces automates, serveurs locaux, bornes d'information et autres modes d'échanges électroniques, s'ils ont la faveur des entreprises – par la réduction des coûts qu'ils génèrent, par comparaison avec le face-à-face ou l'échange avec un conseiller d'un centre d'appels ou d'un point de vente – n'ont souvent pas celle du public qui s'irrite des contraintes imposées par la programmation de ces systèmes. Cette technologie ne répond pas aux attentes relationnelles, dont on a vu l'importance plus haut, fondées sur la relation client et la compétence des conseillers[28].

L'entreprise est ainsi confrontée à une difficulté : le *self service* présente indéniablement un intérêt et pour elle et pour les clients, mais ce transfert d'activité, mal conduit, peut être perçu comme une baisse de la qualité de service. L'Esprit de Service vise à remédier à ce déficit relationnel, tout en prenant en compte l'évolution des usages. C'est tout l'enjeu de l'attitude de service des postiers des bureaux de poste (aller vers, avec empathie, accompagner, renseigner, montrer l'usage des automates). C'est aussi, pour l'entreprise, la nécessité de gérer l'optimisation de ses canaux, en faisant progressivement évoluer une partie des flux d'appels téléphoniques vers Internet, disponible 24 heures sur 24, et bien moins coûteux pour son budget.

1-7 Les enjeux du service client à distance

Les centres de contacts jouent un rôle fondamental dans la relation client. Ils doivent incarner cet esprit de service dès que le contact est

---

28. Sondage 2011 Nexstage pour l'AFRC.

noué avec le consommateur. L'enjeu est donc de pouvoir expérimenter de véritables qualités d'accueil et d'écoute dès que l'on est en contact avec un *call center*.

Cette problématique de la relation est donc particulièrement aiguë dans les centres d'appels. Ils sont à la fois le *front desk* et le *help desk* de l'entreprise, le véhicule de son image et le lieu où tous les problèmes convergent. L'entreprise a appris à accueillir la réclamation du client, à en faire un levier d'amélioration. Mais ce même apprentissage reste à faire dans certains centres d'appels. Trop longtemps, cette activité a été confiée à des intérimaires, à un personnel mal payé, soumis à des standards contraignants. Le *turn-over* y était élevé, la motivation faible. L'*outsourcing*, pour des raisons de coût, fréquent. La relation au client ne peut dans ces conditions être optimale. C'est tout l'enjeu des nouvelles normes NF 345 et du label de responsabilité sociale, porté avec un engagement remarquable par Éric Dadian, le président de l'Association Française de la Relation Client, pour défendre et mettre en valeur les meilleures pratiques. Le client a besoin de conseil, d'être rassuré, à tout le moins d'être accompagné. Il a besoin pour cela de personnes sachant l'écouter, bien le renseigner, en un temps minimum pour éviter les files d'attentes téléphoniques et les coûts induits (l'auteur a publié « Services, croissance et compétitivité » dans les Notes Stratégiques de l'Institut Choiseul, juin 2013).

Ainsi, nous assistons depuis une décennie à une modification en profondeur des formes d'échanges et des modes de consommation. En adoptant les nouvelles technologies, les consommateurs forcent les entreprises à s'adapter pour répondre à leurs nouvelles attentes. La réponse instrumentale actuelle n'est pas à la mesure d'une telle demande de relation. Le management de la relation, tel qu'il est mis en place en utilisant les nouvelles technologies, n'est pas adapté parce qu'il reste dans le prolongement du management hérité de la révolution industrielle. Mode de consommation et mode d'échanges ont profondément changé depuis un siècle. Le modèle de management s'est certes modifié, mais les principes qui le composent sont demeurés ceux du taylorisme.

1-8 Réhumaniser l'entreprise : nouveaux enjeux de la relation managériale

Nos entreprises sont encore organisées selon le schéma hiérarchique bien connu dit « top down ». On sait pourtant qu'il est source de bien des dysfonctionnements : cloisonnement, filtrage et déformation de la communication, insatisfaction du personnel qui s'estime tenu à l'écart de l'information ou des décisions. Mais, plus encore, ce type d'organisation devient de plus en plus inadapté aux besoins de l'entreprise qui se doit d'être particulièrement réactive, de faire appel à l'initiative de ceux qui sont en contact avec les réalités du terrain. La gestion par processus a été, ces dernières années, une des réponses apportées à ces inconvénients. La « pyramide inversée » en a été une autre : elle ne signifie pas bien sûr que le pouvoir de décision est donné aux collaborateurs. Ce type d'organisation, qui se veut à l'opposé du taylorisme, est une nouvelle manière de penser les relations au travail pour plus d'efficacité, de productivité et de flexibilité. Les collaborateurs sont responsabilisés, encouragés à se montrer inventifs face aux situations rencontrées, à trouver la réponse la mieux adaptée aux demandes des clients. Mais force est de constater qu'elle ne produit pas un bouleversement dans le management, une adaptation tout au plus. Une pyramide reste une pyramide ; c'est-à-dire une structure rigide, alors qu'il faudrait de l'adaptabilité, de l'élasticité, de la réactivité.

En revanche, on voit se dessiner une évolution plus profonde : la reconnaissance du « capital humain ». Il convient ici de saluer les travaux de l'ANVIE, menés en 2012, « L'Esprit de service à l'heure du multicanal : comment renouveler le management et l'organisation pour accroître la satisfaction client ? » et la création du club ANVIE « Esprit de service et innovation managériale » le 18 avril 2013, avec 13 entreprises fondatrices.

Longtemps, « le personnel » a été considéré surtout comme un « poste de coûts » que l'on a cherché à contourner ou à réduire par l'automatisation des tâches. Or, il est la principale richesse de l'entreprise, le facteur de différenciation. D'où l'importance du management (qui donne le sens, encourage et accompagne) et de la formation (qui permet l'employabilité tout au long de la vie professionnelle). L'entreprise, c'est d'abord une équipe qui partage un objectif commun. Même s'il n'est pas question ici de nier la pression de l'adaptation permanente, le stress, les risques psychosociaux liés à la pression des marchés, des actionnaires, du court terme, on découvre maintenant une convergence d'intérêts entre le développement individuel des hommes et les objectifs économiques de l'entreprise. Les Britanniques l'ont compris, en lançant par exemple leur référentiel « Investors in People »[29-30]. Le rôle du manager est désormais de créer des contextes susceptibles de permettre aux équipes de donner le meilleur d'elles-mêmes. C'est tout le métier du DRH d'arriver à passer des « relations sociales » où l'on est souvent front contre front, à une coopération intelligente, afin de trouver le meilleur chemin pour progresser ensemble, gagnant-gagnant, sans verser dans l'utopie. Le rôle de la direction générale, d'ailleurs, est précisément de permettre aux managers de pouvoir le faire.
Cette prise de conscience s'est faite progressivement et diversement par petites touches : management participatif, management coopératif, management de proximité, management de la diversité, toutes ces

---

29. « Investors in People » (IIP) est un référentiel d'origine britannique, conçu et développé dans les années 90 par un ensemble d'employeurs, employés et organismes de formation, dans le but d'améliorer la compétitivité des entreprises par le biais du développement des compétences du personnel, en corrélation avec les objectifs de l'entreprise.
30. IIP a été mis en place au siège du Groupe La Poste en 2010.

approches ayant pour but de reconnaître une place centrale à l'individu (voire à la personne) créateur de richesse. La nécessité d'opérer des changements rapides et nombreux, de multiplier les sources d'innovation, de s'appuyer sur des collaborateurs réactifs, conduit à rechercher l'implication de ces derniers et ce en les respectant, en les associant, en les valorisant, et en les soutenant. La traduction de cette approche managériale a pris différentes appellations telles que le TQM, le KAIZEN ou encore plus récemment l'entreprise apprenante[31] et l'entreprise agile.

On voit donc bien à l'énumération de ces pratiques, doctrines et autres concepts, que d'aucuns qualifient de « modes managériales », qu'on est en présence d'une recherche d'une réponse managériale globale à un monde qui a évolué. Les solutions proposées restent cependant partielles parce qu'elles ne remettent pas en cause le schéma classique : séparation des rôles, hiérarchie marquée, communication descendante, pression sur le management intermédiaire, pris en tenaille entre le haut et le bas. Or, ces principes sont aujourd'hui en profond décalage avec les valeurs montantes de notre société, et surtout les attentes des salariés. Les salariés demandent en effet à être pris en considération, à pouvoir progresser. Ils aspirent à des relations fondées sur la confiance et l'équité. Ils souhaitent pouvoir s'investir, faire un travail de qualité, donner leur opinion. Ils demandent une juste répartition des richesses créées (d'où les tensions récurrentes, et à mon sens justifiées, sur les écarts trop importants entre les salaires du top management et ceux de la « base »).
On est loin des schémas de pouvoir et de méfiance de l'organisation hiérarchique. La demande porte sur un « management humaniste »,

---

31. Une organisation est dite apprenante lorsque sa structure et son fonctionnement favorisent les apprentissages collectifs, en développant une logique de professionnalisation et non de qualification (source : CEDIP). Cf. travaux de SOL, préparation du colloque de mai 2014.

qui repose sur les valeurs d'engagement, de respect, de confiance, d'exemplarité, de solidarité. C'est donc une mutation profonde du modèle de management qu'il faut opérer pour qu'il soit en symbiose avec celle de la demande des clients et des modes d'échanges.

Conclusion

Parti d'un constat, le poids prépondérant de l'économie de services, j'ai voulu montrer que la révolution technologique, qui lui est associée, s'est trouvée plébiscitée par les individus-clients, jetant ainsi les bases d'un nouveau modèle économique. Cela est particulièrement visible dans l'industrie du disque par exemple[32]. Les aménagements dans l'organisation ou les pratiques managériales, censés répondre à ce nouvel environnement économique, parce qu'ils ne remettent pas en cause la vision du management, restent en décalage. L'enjeu appelle une révolution du modèle de management. L'Esprit de Service en est la traduction. Certes les expériences, les approches, les démarches, qui se sont multipliées au cours des dernières années, en traçant des perspectives, sont d'un apport précieux. Mais il reste à les rassembler, les compléter, les articuler pour dessiner le modèle cohérent de management, celui qui est la réponse adaptée à la nouvelle économie.

✒ Ma conviction

Le développement des services, couplé à la révolution technologique en cours, à l'exigence d'un développement responsable et à l'évolution sociologique, est une tendance lourde de l'économie qui amène les entreprises à modifier le modèle de management qui a conduit la croissance industrielle du siècle dernier.

---

32. Voir les débats sur l'activité de l'HADOPI.

L'expérience de La Poste

Le point de départ de l'Esprit de Service :

Faire de La Poste un grand groupe de services multimétiers

Au début des années 2000, le Groupe est marqué par plusieurs facteurs d'inertie, et notamment :

- une tradition centralisatrice, avec peu de capacités d'initiatives et des responsabilités locales peu développées ;

- une culture administrative et industrielle de gestion des flux, dans laquelle la notion de client est peu présente, les collaborateurs peu valorisés ;

- un certain pessimisme du management, marqué par le sentiment d'une relative impuissance avec des métiers matures, une « vache à lait » et par le sentiment que La Poste fait figure d'une citadelle assiégée, avec une ambition stratégique peu partagée ;

- une image d'entreprise publique quelque peu figée, avec une réelle insatisfaction des clients se cristallisant autour de certains irritants comme la durée d'attente dans les bureaux de poste ;

- une performance économique faible, avec un résultat cumulé sur la décennie 1990 égal à zéro.

Il y avait alors obligation pour La Poste de s'adapter rapidement pour poursuivre son développement, devenir une entreprise contemporaine forte, en bonne santé, pour continuer à porter haut les missions de service public, le rôle de lien dans la société, et son modèle social (« faire La Poste de demain avec les postiers d'aujourd'hui »).

La « modernisation » de La Poste – vaste programme de transformation – a pris un nouvel élan en 2008 avec le lancement du projet « Ambition de service » qui a fixé l'objectif de *« devenir un grand groupe européen de services de proximité de qualité pour tous nos clients – particuliers, entreprises et territoires – fondés sur la confiance, la qualité de la relation de service, la considération de la personne et l'innovation »*.

Chapitre 2

L'Esprit de Service : des valeurs aux comportements, une nouvelle approche de l'alignement stratégique

2-1 Le besoin d'une nouvelle approche managériale

Nous allons voir que l'Esprit de Service est une nécessité pour les entreprises et les directions générales pour faire face aux évolutions structurelles des attentes des clients et des modes d'échanges, une manière de répondre à la demande de transformation et d'accompagnement du changement. Cernons l'enjeu et définissons ainsi avec précision ce que recouvre l'Esprit de Service.

2-2 Définition de l'Esprit de Service

Depuis une trentaine d'années, les entreprises ont clairement mis le client au centre de leur organisation : les enquêtes de satisfaction sont devenues monnaie courante, la gestion par processus une banalité, au moins conceptuellement, la recherche de fidélisation un credo. Le client est écouté, sollicité, traité avec égard quand on ne cherche pas à le séduire, à l'enchanter. Pour parvenir à capter son attention et maintenir sa fidélité, les entreprises ont modifié leur organisation, cherché à réduire leurs coûts, développé leur marque, renouvelé régulièrement leur offre. Cela a eu indéniablement un impact sur la satisfaction des clients et celle des actionnaires. Quid des salariés, à qui on a demandé d'intégrer les changements, de se responsabiliser, de s'impliquer dans les améliorations, bref de s'investir, de s'engager[33] ?

Disons-le simplement : les évolutions dans les pratiques de management n'ont pas été de même nature que celles qui ont eu lieu dans les relations avec les clients. Et c'est bien là notre sujet. La satisfaction du client, parce qu'elle repose de plus en plus sur le service, c'est-à-dire sur une relation, requiert une implication forte acceptée et adaptée des équipes. Acceptée, ce qui signifie que cette évolution est ressentie par les collaborateurs. En effet, les équipes comprennent qu'il y a un intérêt à agir dans le sens de l'Esprit de Service. Elles réalisent que c'est en adéquation avec leurs valeurs, leurs façons d'être. Adopter et vivre l'Esprit de Service, c'est une incarnation de ce qui fait la justesse des savoir-faire. Une incarnation juste, réelle.

On a assisté au cours des dernières années à une évolution de la relation aux clients : sans remonter à l'époque d'Henry Ford disant que *« le client peut choisir la couleur de sa voiture à condition qu'elle soit noire »*, un monde sépare le slogan de Darty (le « contrat de confiance ») de l'organisation de la relation client actuelle. Plus le client est considéré, plus on est aux petits soins avec lui, plus on demande aux collaborateurs exigence et sans faute.

---

33. La montée des risques psychosociaux est la conséquence de l'intensification des contraintes pesant sur les salariés : adaptation aux évolutions technologiques, évolution de l'organisation du travail (zéro défaut, juste-à-temps, servicialisation du client, complexification des tâches, polyvalence demandée).

Il s'agissait alors de montrer un Esprit de Service au contact du client, en *front desk* et sur certains aspects de la relation, le SAV notamment. Maintenant tout le fonctionnement de l'entreprise[34] est construit pour servir la satisfaction du client, depuis la conception du produit jusqu'à son après-vente. C'est un saut qualitatif, d'une ampleur similaire à celui qui a été fait dans la relation aux clients, qu'il convient d'opérer dans le management. Vaste projet dont on ne mesure pas encore toutes les conséquences !

Le langage revêt ici une grande importance. Au cours des trente dernières années, il est indéniable que la manière de manager les équipes a changé mais elle n'a pas évolué. Un changement se définit par le passage d'un état à un autre. Quand l'eau se change en glace, la masse reste identique, le volume diffère mais il n'y a pas modification de nature. Les changements intervenus jusqu'à présent dans les pratiques de management n'ont pas constitué une évolution du management : l'Esprit de Service entend le faire.

Résumons-nous : le client est devenu le sujet majeur d'attentions et d'actions des entreprises. Mais, il est grand temps de songer à créer cette adéquation avec les équipes. Car ces dernières sont au centre de cette transformation en interne. Alors, comment réinventer un modèle de management qui sait prendre le temps d'écouter et de s'inspirer des collaborateurs ? La visée de l'Esprit de Service, c'est justement de réconcilier et de synchroniser clients, collaborateurs et managers.

---

34. Alignement stratégique défini comme la mise en cohérence entre la stratégie d'entreprise, ses valeurs, son identité, ses objectifs mais aussi son organisation interne, sa façon de manager et de communiquer. De sorte que tout soit cohérent pour que le client ait l'impression d'avoir affaire à un seul et même interlocuteur qui maîtrise son dossier.

> **L'orientation client et l'Esprit de Service**
>
> L'orientation client se traduit désormais par la recherche non plus seulement de la qualité du produit, mais par celle de la relation. Elle implique la capacité à établir un dialogue et à avoir une compréhension individualisée des attentes des clients. Pour cela, les collaborateurs doivent être en mesure d'entrer en contact avec les clients en les rendant coproducteurs de la transaction. Le management doit, lui, sculpter une relation durable et des processus internes qui permettent aux équipes d'endosser ce nouveau rôle.

Mais comprenons bien : il n'y a pas que les équipes en *front office* qui *sont* concernées. C'est dans son ensemble que l'entreprise est désormais soumise à l'exigence d'implication dans la relation client. Parce que s'agissant de service, la chaîne de valeur est tendue par une chaîne de satisfaction qui part des collaborateurs pour aboutir aux clients. Et comme dans toute chaîne, le maillon le plus faible détermine le niveau de qualité rendu. Il y a donc nécessité de concevoir un système de gestion de cette chaîne de satisfaction, un système global cohérent qui puisse intégrer et articuler les multiples pratiques de management. Un modèle qui favorise la compréhension, voire l'adhésion à la stratégie. L'orientation client, pour être pleinement effective, nécessite son pendant interne : telles sont les deux faces de l'Esprit de Service.

L'Esprit de Service est également une réponse à la recomposition de l'organisation de l'entreprise, chacun est acteur d'un projet collectif. Les bonnes volontés et le brassage des énergies font avancer les projets. Mais cette implication repose sur une nouvelle dynamique, un nouveau brassage des énergies. Autrement dit, le *middle management* n'est plus le jeu des pressions d'en haut et d'en bas, il accompagne aussi les collaborateurs avec une vision partagée, claire, plus harmonieuse.

Comment jouer une partition juste sans intégrer tous les musiciens, à l'heure où même le chef d'orchestre lui-même voit son rôle évoluer, sous l'œil exigeant du public et des médias ?

D'où la définition proposée :

« L'Esprit de Service est un ensemble de valeurs, de comportements clés et de compétences qui permettent de développer, dans la durée, l'excellence de la relation avec le client, entre managers et collaborateurs et entre métiers et services de l'entreprise. Cette relation est fondée sur la confiance, le professionnalisme et l'engagement des équipes. C'est un levier de création de valeur et de différenciation concurrentielle. C'est un véritable modèle de management. Sa mise en œuvre constitue un projet stratégique de transformation service de l'entreprise. »

Cette définition nécessite les commentaires que voici : l'objectif de l'Esprit de Service est bien de développer l'excellence de la relation avec le client. Ce n'est plus au client d'être fidèle mais à l'entreprise. La qualité du produit n'est en conséquence plus suffisante, car si le collaborateur est au service du client, il doit accomplir cette mission en comprenant le dessein de ses objectifs avec l'assurance de posséder les outils, les instruments et des managers alliés, capables de l'aider à être efficace. Le management devient donc un accompagnement intelligent qui entoure le collaborateur en première ligne. Le manager est un soutien. Il va résoudre les problèmes de l'équipe. C'est, par exemple, ne pas suivre l'exemple de ce fabricant d'ordinateurs pour enfants qui envoie ses *hotliners* du SAV en formation, au lendemain de Noël. L'Esprit de Service devient donc une clé essentielle du projet de l'entreprise. Il permet à l'entreprise de se décentrer, de se décloisonner, de s'ouvrir.

Mais de quoi est-il fait ? D'un ensemble de valeurs, d'attitudes clés et de compétences, que nous verrons plus loin. D'une posture dans la vie.

Pour l'heure, ce qu'il est important de retenir, c'est d'abord la nécessité de leur omniprésence dans l'entreprise : au niveau individuel, mais aussi dans la relation managers-collaborateurs, entre les équipes, à tous les niveaux, entre les services, entre les métiers, partout et tout le temps. C'est ensuite leur forte imbrication qui les fait se renforcer mutuellement. Cela va donc bien au-delà du décloisonnement, recherché par la gestion par processus, des relations client fournisseur interne[35], ou des systèmes de déploiement des objectifs, toutes pratiques visant à faire « aller dans le même sens ».

L'Esprit de Service fonde une culture en ce qu'il définit des manières d'être, de penser, d'agir et de communiquer. Et ces manières reflètent le professionnalisme et l'engagement des équipes et rejaillissent sur l'image, la réputation, la notoriété de la marque de l'entreprise. C'est le cercle vertueux à construire. Mais inversement, toute rupture, toute note discordante perçue par le client est susceptible d'engendrer une perte de confiance et de proche en proche une animosité envers le personnel contribuant à le démobiliser.

Le service est relation. La relation est confiance. La confiance repose sur l'engagement. L'engagement n'existe que parce qu'il est coconstruit, connu, mesuré et tenu.
Ce n'est sans doute pas par hasard si La Poste est moteur dans le développement de l'Esprit de Service. Grande entreprise industrielle par la gestion des flux (des milliards de lettres et des millions de colis gérés, transportés et distribués chaque année, les opérations financières des 11 millions de clients de La Banque Postale, les opérations des 2 millions de Français entrant chaque jour dans les bureaux de

---

35. RCFI : relation client fournisseur interne : contrat passé entre deux services d'une entreprise de façon à ce que celui qui est en amont livre exactement la prestation attendue par celui qui est en aval dans la chaîne de travail.

poste), présente sur l'ensemble du territoire, dans le quotidien des Français depuis plusieurs siècles, elle incarne le service public « à la française » (égalité de traitement, péréquation, contrôle). Il n'est pas difficile d'imaginer l'ampleur de la transformation à effectuer pour l'adapter au monde en pleine accélération. Ce que les postiers ont d'ailleurs toujours su faire depuis Louis XI. Mais les vents que l'entreprise rencontre sont forts et les vagues hautes, puisque l'évolution des usages vient désormais saper précisément son métier historique, vaisseau amiral depuis toujours, le Courrier avec un chiffre d'affaires de 10 milliards d'euros (soit 50 % de l'ensemble Poste) en baisse de 6 % par an actuellement.

L'Esprit de Service rappelle par plusieurs aspects la notion de service public, fondement de sa culture. Celle-ci repose sur des valeurs[36], auxquelles les collaborateurs adhèrent fortement, et génèrent de la fierté. Ces valeurs ont constitué le socle commun entre tous les acteurs. L'envie de bien faire, l'envie de servir « à tout prix ». Il s'agit donc plutôt de révéler des fonctionnements enfouis ou empêchés par la routine, les process, le monopole, le pareil pour tous. L'Esprit de Service est porté par les équipes, il crée une dynamique à tous les niveaux, dans tous les services, générant une communauté d'actions au service des clients. Dans l'exercice de ses fonctions, le fonctionnaire est amené à se référer à des principes directeurs supérieurs qui fondent ses décisions ou son action. La confrontation de ces principes avec les contraintes des situations quotidiennes trouve sa résolution dans le recours à la notion d'intérêt général qui donne le sens permanent à l'action. Les procédures qui en découlent soutiennent l'action, mais chacun doit veiller à ce que leur application rigide n'aille pas à l'encontre du principe initial.

---

36. En particulier la défense de l'équité et de l'impartialité, la probité et l'honnêteté dans les relations avec les administrés.

2-3 Des valeurs aux comportements : la définition des attitudes clés de l'Esprit de Service

Les attitudes sont au cœur de la relation de service. Définies comme « prédisposition à agir », les attitudes prennent leurs racines dans les valeurs de l'entreprise et s'expriment au travers des comportements des collaborateurs. Mais ce sont bien les attitudes que perçoivent les clients derrière les comportements observables. Et ce sont bien elles qui fondent le processus que les clients vont mettre en œuvre pour évaluer la qualité de la relation et décider de leur engagement à l'égard de la marque.

Pour autant, l'Esprit de Service ne se limite à la mise en œuvre des attitudes de service face au client. Car l'Esprit de Service va s'exprimer à travers différentes facettes et dimensions. C'est par l'articulation et la mise en cohérence de ces différentes dimensions que l'Esprit de Service renouvelle la pensée managériale.

La marque est une de ces facettes, un maillon essentiel de cette chaîne de compétences orientées vers le collaborateur (la marque employeur) et donc le client. La marque est bien irriguée par l'Esprit de Service. Elle est l'expression d'un savoir-faire sur un marché. D'ailleurs, vis-à-vis de l'extérieur, la marque donne confiance, sert de point de repère dans un monde changeant et donc fidélise les clients. En interne, elle favorise l'appartenance et donc fédère le personnel.Ce n'est donc pas un hasard si, régulièrement, Décathlon est en tête du palmarès des marques préférées des Français. Marque de proximité, innovante, connue du grand public avec un excellent rapport qualité-prix et des vendeurs doués d'un sens du conseil précis et adapté aux besoins du client.
Maria Flament, responsable Voix du Client chez Leroy Merlin l'exprime en ces termes : « *C'est une expérience unique destinée à faire rêver chaque jour nos clients et à leur faire vivre une véritable expérience. Derrière ce terme il y a la notion d'attachement à la marque et la relation*

Les attitudes de service perçues par les clients[37]

Accueillant
- Aimable
- Courtois
- Va au-devant du client
- Prévenant
- Souriant
- Serviable
- Chaleureux
- De bonne humeur
- Convivial
- Attrayant
- Avenant/ Agréable
- Elégant
- Accessible
- Simple
- Humble
- Patient
- Calme
- Fait preuve de maîtrise de soi
- Poli
- Respectueux
- Sait faire preuve de tact
- Sait mettre à l'aise
- Sympathique
- Montre l'envie de faire plaisir
- Montre le plaisir à rendre service

Authentique
- Sincère
- Naturel
- Honnête
- Impartial
- Neutre

Fait preuve d'écoute
- Attentif
- Ouvert
- Tolérant
- Bienveillant
- Compréhensif
- Disponible
- Se met à la place du client
- Empathique

Attentionné
- Fait preuve de considération
- Sait personnaliser la relation
- Sait instaurer un dialogue
- Fait preuve d'intérêt à l'égard du client
- Sait montrer au client qu'il est unique

Sait anticiper les demandes clients
- Proactif
- Fait preuve d'initiative
- Créatif
- Sait donner envie

Souple
- Adaptable
- Fait preuve d'intelligence dans l'application des procédures

Pédagogue

Positif à l'égard de son entreprise/ collègues
- Fier de son entreprise/ métier
- S'entraide avec ses collègues

Efficace
- Compétent
- Professionnel
- Capacité à renseigner
- Capacité à conseiller
- Fait preuve d'expertise

- Clair
- Réactif
- Rapide
- Précis
- Pertinent
- Rigoureux/ Consciencieux
- Vigilant
- Sérieux
- Fiable
- Tenace
- Responsable
- Régulier
- Ponctuel

Dynamique
- Enthousiaste

Impliqué
- Motivé
- Courageux

Rassurant
- Susciter la confiance du client
- Respecte ses engagements
- Fait preuve de conviction
- Sait s'engager devant le client
- S'enquière de la satisfaction du client

---

37. Liste d'attitudes de service recueillies lors de focus group menés pour ou par la Direction de la Qualité du Groupe La Poste auprès de clients et de postiers

passion-émotion entre un vendeur et un client. Mais aussi toute une dimension d'échange et de réciprocité. ».

En quoi l'Esprit de Service revisite-t-il ce concept connu ? Par la notion de personnalité de marque. De quoi s'agit-il ? Des études ont montré un lien entre la personnalité de l'acheteur et celle de la marque qu'il consomme[38]. La virilité, la modernité, la fiabilité, l'honnêteté ou encore la sympathie sont quelques-uns des traits de personnalité attribués à des marques. On conçoit qu'un client puisse préférer l'un à l'autre et estimer que telle marque évoque pour lui l'un plutôt que l'autre.

Le tableau ci-dessous montre la variation dans les traits de personnalité attendus en France selon la catégorie de produits (il s'agit de pourcentage de la population, le total ne fait pas 100 % car d'autres traits ne sont pas indiqués dans le tableau)[39].

Les traits de personnalité attribués à des produits				
Type de produit	Modernité	Fiabilité	Honnêteté	Sympathie
Électroménager	22,4	47,69	14,81	2,38
Automobile	16,85	37,77	13,75	5,16
Banques	10,17	37,03	30,58	9,26
Voyages, vacances	20,64	21,01	16,62	22,21

À sa lecture, on comprend qu'une banque qui chercherait à se doter d'un trait de personnalité de séduction se mettrait en décalage complet avec les clients, puisque seulement 2,5 % de la population recher-

---

38. Pour David A. Aaker, le consommateur exprime son image de soi en choisissant des marques dont la personnalité lui semble proche de la sienne.
39. Vernette E. (2003), Personnalité de marque et image de soi, 3ᵉ congrès international sur les tendances du marketing, Venise, EAP, ESCP.

chent ce trait-là dans une banque. Inversement, il est attendu par 45,9 % des clients de produits de parfumerie.

Donc la personnalité de la marque permet au client de s'identifier à elle par un effet dit de congruence, lequel va favoriser sa fidélité. L'implication de ce constat est évidente : le produit ou service délivré par l'entreprise doit être en phase (congruence) avec les clients auxquels elle veut s'adresser. À vrai dire cette règle d'or n'est pas nécessaire pour tous les produits ou services. On constate en effet que l'exigence de congruence varie selon les catégories de produits ou services : elle est très forte pour les voyagistes, les banques, ou les grandes surfaces par exemple. Elle est au contraire néfaste pour les produits pour hommes : pour ce type de produits, le consommateur ne veut pas retrouver dans la marque ses traits de personnalité actuels.

Par le phénomène de congruence, la personnalité de la marque permet de développer des aspects émotionnels entre l'entreprise et ses clients, de leur faire vivre une expérience singulière. En définissant les traits de personnalité qu'elle entend promouvoir, l'entreprise trace son territoire, identifie et délimite les clients auxquels elle veut s'adresser, ceux qui recherchent certains traits de personnalité dans leurs interactions.

Dès lors, pour faire vivre sa marque, fidéliser ses clients en ne les décevant pas, c'est tout le système managérial de l'entreprise qui doit porter ses traits de personnalité (recrutement[40], formation, règles internes) de façon à communiquer et ancrer la personnalité de la marque dans l'esprit et les comportements des équipes qui en devien-

---

40. L'effet « marque » agit aussi auprès des jeunes diplômés attirés par certaines des valeurs affichées par les entreprises et proches de leur vision de l'employeur idéal. Cf. la notion clé de « marque employeur ».

nent alors le vecteur de communication et permettent de la rendre vivante. Les choses s'éclaircissent. L'adhésion ne s'obtient pas à coup de mise aux normes mais grâce à une implication vraie, ressentie.

Pour que la marque joue son rôle d'attrait et de fidélisation des clients, il devient indispensable d'opérer un alignement stratégique de l'organisation, du fonctionnement et de la culture d'entreprise sur la marque. Les entreprises ont construit des systèmes d'alignement stratégique portant sur la politique et les objectifs : SI, BSC, KM[41] par exemple. Il s'agit maintenant de construire un système d'alignement sur les valeurs portées par la marque[42].

Poursuivons l'explication. Ses valeurs définies, l'entreprise va avoir un travail important d'identification des comportements à développer en interne pour que le client, lors de ses relations avec l'entreprise, retrouve les dimensions de l'expérience auxquelles il s'attend. Clairement, le but est que, à tout moment, en tout lieu, en toute occasion, quel que soit l'interlocuteur, tout client puisse constater une identité de comportements reflétant les valeurs affichées de l'entreprise (sa personnalité de marque). Ces comportements vont devenir le ciment qui lie l'ensemble des équipes. Ils vont constituer son ADN, les caractéristiques de son fonctionnement. Tout l'enjeu de l'Esprit de Service est bien là : construire dans l'entreprise un ADN des attitudes de service communes.

Qu'est-ce que cela veut dire pour les clients « être un grand groupe de service ? ». « Facile, simple, accessible » répondent-ils en cœur.

---

41. Système d'information, Balanced Scorecard, Knowledge Management.
42. À La Poste, l'Esprit de Service a permis de faire le lien entre la stratégie à long terme (« devenir un grand groupe de services ») et les enjeux opérationnels quotidiens (« répondre au client »), mais aussi entre les marqueurs identitaires de La Poste (« confiance, proximité ») et la modernisation (se traduisant notamment par une logique d'innovation de service) acceptée par les collaborateurs. Il est le puissant vecteur de sa transformation.

La Poste a retenu trois « familles d'attitudes », définies par les postiers, qui incarnent ses valeurs et notamment la confiance : « l'accueil », « l'écoute », « l'efficacité ». Elles définissent la manière par laquelle elle entend construire la relation au client. Elles suivent un certain ordre. Chacune est importante et permet la suivante. « L'Efficacité » doit s'entendre comme rendre le service attendu au meilleur coût et de la meilleure façon. « L'Accueil », doit s'entendre comme « aller vers (le client/les collègues/le collaborateur,...) avec empathie ». Enfin, « l'Ecoute » doit s'entendre comme la clé de voûte des trois familles.

Mais définir des attitudes n'est pas suffisant, d'autant, nous l'avons dit plus haut, que les clients (et les collaborateurs) ont une exigence d'authenticité. Il faut qu'elles soient rendues visibles, perceptibles, palpables pour ainsi dire, par les clients, en tout lieu, en toutes circonstances. Ce qui suppose qu'aient été identifiés les comportements qui en sont la manifestation.

Aussi, et c'est la troisième composante de l'Esprit de Service, pour chacune des étapes du parcours client, sont à définir les gestes, les postures, le langage à employer, qui vont traduire les attitudes, expressions des valeurs. Du reste, dans les entreprises les plus avancées, on voit naître des chartes d'expression.

La première difficulté est que tout comportement forcé sera ressenti par le client comme factice, non naturel et ratera donc son objectif de créer une relation sincère, base de la confiance. Et naturellement mal vécu par les collaborateurs.

Pour éviter cet écueil, une distinction sera à faire entre les rituels, qui sont des comportements construits, porteurs des attitudes, et la manière de les « investir » qui, pour garder toute authenticité, ne peut qu'être indicative et rester propre à chaque collaborateur.

La deuxième difficulté dans cette géographie relationnelle[43] est que, si les rituels doivent rester communs à tous les salariés, les comportements varient selon les attentes des clients. Il n'y a pratiquement plus qu'à La Poste qu'un client en grande précarité qui reçoit une prestation sociale peut venir faire un mandat, afin de payer une partie de sa note d'électricité et éviter une coupure définitive. Le postier prend le temps d'aider à alléger le fardeau des difficultés. C'est dans ce cadre que j'ai inventé le concept et la politique « *Relation Client Solidaire* ».

Avant de poursuivre, insistons sur l'exigence d'authenticité. À de nombreuses reprises, ont été ici employés des mots tels que « construction », « définition », « identification », qui renvoient à une notion de planification. Mais, par ailleurs, nous avons souligné l'importance de l'authenticité, d'où la mise en garde contre tout comportement figé. L'Esprit de Service repose sur des valeurs et une conviction partagée et cherche à établir une relation de confiance : toute notion de manipulation, de fausseté, de superficialité, d'incohérence en est forcément exclue.

Cohérence. Avec « authenticité », c'est un autre mot-clé de l'Esprit de Service. Il est une architecture composée de valeurs, attitudes et comportements, mais aussi un écosystème à la capacité de s'adapter, de résister. Comment se créent à la fois cette uniformité et cette variété dans la relation avec les clients ? Qu'est-ce qui les rend possibles durablement ? Le fait que les collaborateurs vivent leurs valeurs et leurs attitudes quotidiennement dans leurs relations internes. Entre collègues, entre services, dans les rapports hiérarchiques. C'est le point capital. En interne comme en externe, les valeurs, les attitudes, les

---

43. Géographie relationnelle parce que les rituels et attitudes varient tout au long des parcours des clients.

comportements, les principes d'actions traduisent la personnalité de la marque : c'est la symétrie des attentions.

Dans cet esprit, le manager à La Poste doit se demander comment exprimer « accueil, écoute et efficacité » dans ses relations au quotidien avec ses collaborateurs. Faites vous-même l'exercice, c'est redoutablement efficace ! Cela marche d'ailleurs aussi en famille, puisque l'Esprit de Service est une posture dans la vie. Et de même, chaque service de s'interroger pour vérifier comment la coopération avec les autres services démontre la force de ces valeurs. Est-ce que je sais ce qu'attend de moi mon « client interne ». Est-il satisfait de ma prestation ? Est-ce que je mesure la qualité du service réalisé ? Nous sommes tous acteurs et maillons de la longue chaîne du service. De la sorte, le personnel de l'entreprise agit naturellement avec le client parce qu'il ressent et expérimente les mêmes attitudes dans les échanges avec ses collègues et managers[44]. L'Esprit de Service devient une pratique managériale de tous les instants.

Disons les choses autrement, parce qu'il est capital de bien comprendre de quoi il s'agit. La symétrie des attentions consiste à définir des pratiques de management en miroir du positionnement client. Elle constitue un levier puissant au service des managers pour développer tout à la fois la satisfaction des collaborateurs et des clients. En prenant soin du personnel, tout comme elle le fait de ses clients, l'entreprise développe une culture de la relation, homogène et forte. L'entreprise orientée client maintenait une dichotomie dans les relations : les clients d'un côté, le personnel de l'autre. Elle restait centrée sur le

---

44. Pour Barbara Dalibar, directrice de la branche Voyages SNCF, une augmentation de la satisfaction des employés de 2 % induit une hausse de 1 % de la satisfaction des clients et une autre de 0,5 % du résultat de l'entreprise. Citée par Sylvie Llosa et Valérie Renaudin, article « Piloter l'expérience client » dans *Stratégie clients*, éditions Pearson, 2012.

process parce qu'elle se définissait par rapport à son produit ou à sa prestation. Mais c'est la relation qui est désormais mise en avant. Aussi, parallèlement à l'organisation en processus, une organisation relationnelle est-elle à bâtir, en interface. Au concept de valeur ajoutée à chaque étape du processus s'ajoute celui de « chaleur ajoutée »[45].

Terminons cette présentation de l'Esprit de Service par une remarque qui semble aller de soi, mais dont la mise en œuvre n'est pas si évidente. Puisque l'Esprit de Service définit des modalités de relations fondées sur la confiance, on ne comprendrait pas qu'elles soient imposées à certains par d'autres. S'il appartient à l'entreprise de définir ses valeurs, les « termes de la relation », eux, sont à « négocier » avec les clients, mais aussi avec les collaborateurs qui doivent, les uns comme les autres, y retrouver les valeurs.

C'est ainsi qu'à La Poste, les nouveaux comportements de service ont été définis avec les postiers et les clients. Et, par exemple, ce sont des groupes de travail collaboratif qui ont caractérisé les attitudes liées à l'accueil par la proactivité et l'initiative dans le contact et qui les ont traduites par un comportement dit d'« aller au-devant » du client pour lui dire « Bienvenue à La Poste, que puis-je pour vous ? ».

---

45. Expression forgée par Philippe Détrie.

Conclusion

L'Esprit de Service vient d'être défini comme un ensemble de valeurs, d'attitudes clés et de comportements qui permettent de construire dans la durée une relation client de qualité. Ce cadre de référence constitue une nouvelle modalité de l'alignement stratégique qui tire sa force de la symétrie des attentions, concept novateur dans la mesure où il place les collaborateurs d'égal à égal avec le client. Cet effet miroir se traduit notamment par une interrogation régulière des comportements, solide garantie de pertinence et d'appropriation. Son ancrage dans le quotidien le prémunit contre toute dérive conceptuelle. Mais ne nous y trompons pas : l'Esprit de Service est un « work in progress ». Il a été rendu possible par l'accumulation de pratiques, d'expériences, de discussions avec les opérationnels, d'outils et autres méthodologies[46] qui constituent les ingrédients de ce nouveau modèle de management et dont nous allons voir l'apport dans les chapitres suivants.

✍ Ma conviction

L'Esprit de Service est une nécessité, aujourd'hui, pour toutes les organisations, quelles qu'elles soient, de la même manière que la qualité était devenue incontournable pour asseoir leur performance. La Poste le met progressivement en place et poursuit dans cette voie, parce que la demande qui lui est faite est d'apporter une réponse contemporaine aux besoins de la population, en ce qui concerne le service de proximité, le lien physique, financier, dématérialisé, la relation entre les personnes, les territoires.

---

46. Voir chapitre 6.

L'expérience de La Poste

Les changements dus à la culture d'Esprit de Service.
La transformation menée par La Poste a initié une évolution progressive des représentations collectives des collaborateurs de La Poste :

Représentations liées à une culture administrative et industrielle	Représentations liées à une culture de service
Un même service pour tous.	Un service adapté à chacun.
La qualité tient au respect des procédures et des processus définis au niveau central.	La qualité repose sur l'initiative locale, à partir d'un cadre d'actions clair et de valeurs partagées.
La performance se mesure au volume traité.	La performance se mesure à la satisfaction des clients, notamment à travers la qualité perçue.
La qualité du travail d'un postier repose sur sa rigueur dans l'application et le suivi des procédures.	La qualité repose sur l'initiative locale, à partir d'un cadre d'actions clair et de valeurs partagées.
La proximité avec le client peut engendrer des risques.	La proximité avec le client peut apporter de la satisfaction professionnelle.

Chapitre 3

L'Esprit de Service au cœur de l'expérience client : levier de différenciation stratégique de la relation client

L'Esprit de Service permet de « développer dans la durée l'excellence de la relation avec le client ». En outre, les valeurs, attitudes et comportements caractéristiques de l'Esprit de Service d'une entreprise devaient être en congruence avec sa personnalité de marque, de sorte que le vécu des clients ne souffre pas du moindre déphasage. Il s'agit donc d'une modalité nouvelle, supplémentaire, de l'alignement stratégique et de sa traduction en résultat client. Telles sont les caractéristiques de l'Esprit de Service, exposées dans le chapitre précédent.

Avant de poursuivre dans la description de la construction de l'Esprit de Service, arrêtons-nous un moment sur la promesse de l'entreprise et son lien avec l'Esprit de Service.

3-1 Les attentes des clients : des basiques à l'effet WOW[47]

La stratégie de l'entreprise a été pensée traditionnellement et jusqu'à présent selon des objectifs commerciaux, de chiffre d'affaires. Désormais, on y ajoute des objectifs de satisfaction des clients et le but du management des services est de pérenniser la relation entre le client et l'entreprise. Le fonctionnement de l'entreprise est conçu pour susciter une expérience positive chez le client : l'accueil, l'agencement des locaux, le parcours des demandes forment un même processus qui crée les conditions de la vente et, du fait de la satisfaction obtenue, engendre le développement commercial.

La recherche de la préservation de la qualité des liens, tout au long du processus, conduit à veiller aux comportements et attitudes du personnel. Deux conséquences intrinsèquement liées découlent de cette nouvelle approche :

- Dans la stratégie commerciale, la qualité du lien devient la préoccupation première, parce qu'elle conditionne la réussite de la relation purement commerciale. L'atteinte des objectifs stratégiques passe

---

47. L'effet « WOW » désigne le fait qu'un produit ou service puisse déclencher chez les consommateurs un effet de surprise, d'admiration ou d'appréciation pouvant notamment se traduire par l'expression « WOW ! » ou « waouh ! ». L'effet « WOW » provoque l'adhésion des consommateurs confrontés au produit et également un fort potentiel de recommandations (cf. NPS). L'effet « WOW » est généralement obtenu par une caractéristique forte et innovante du produit ou service, qui surprend et enchante le client. On a ainsi beaucoup parlé d'effet « WOW » pour les consommateurs découvrant pour la première fois les effets de l'écran 3D de la console Nintendo 3DS lors de son lancement en 2011 (source : glossaire illustré du marketing) ou le premier SMS que l'on reçoit du garage pour dire que la voiture est prête (et propre !) ou la première fois que l'on entre dans son nouveau bureau de poste transformé en « Espace Service Client » (nouveau concept de bureau de poste sans guichet) !

par l'excellence dans l'expérience client. Tant d'entreprises croient encore malheureusement pour elles que qualité et commercial sont deux univers différents, alors que la qualité (le sourire client) précisément permet le développement commercial.

Liste des 18 déterminants de la qualité du service du professeur Robert Johnston

(Source : document d'orientation européen sur la gestion de la satisfaction client – disponible sur : www.eupan.eu)

Liste élaborée en 1995 à partir d'une étude réalisée dans le secteur bancaire. Cette liste est plus complète que la liste du modèle SERVQUAL. Elle nous intéresse directement ici pour le développement donné aux attitudes de service des collaborateurs. Elle est également d'autant plus importante qu'elle est à la base des travaux du professeur Johnston sur l'excellence du service qui ont inspiré les travaux sur l'enchantement du client du groupe de travail européen du Comité Européen de Normalisation.

- **Accessibilité :** l'accessibilité physique au lieu où se trouve le service, y compris la facilité à trouver son chemin dans l'environnement du service et la précision de l'itinéraire.

- **Esthétique :** la mesure dans laquelle les éléments composant l'offre de services sont agréables ou plaisants pour le client, y compris l'aspect visuel et l'ambiance de l'environnement du service, l'aspect visuel et la présentation des installations, des produits et du personnel du service.

- **Attention/obligeance :** la mesure dans laquelle le service, et en particulier le personnel de terrain, aide les clients ou leur donne l'impression de s'intéresser à eux et montre sa motivation à les servir.

- **Disponibilité :** la disponibilité des installations, du personnel et des produits du service pour le client. Dans le cas du personnel de terrain, il s'agit du rapport personnel/client et du temps que chaque membre du personnel est en mesure de passer avec chaque client. Dans le cas des produits, il s'agit de la quantité et de la gamme de produits mises à la disposition du client.

- **Prévenance :** la sollicitude, l'attention, la sympathie et la patience montrées à l'égard du client, y compris la mesure dans laquelle le service met le client à l'aise et le fait de se sentir bien émotionnellement (plutôt que physiquement).

- **Propreté/ordre :** la propreté et l'aspect net et soigné des éléments tangibles de l'offre de services, y compris l'environnement du service, ses installations, ses produits et le personnel de terrain.

- **Confort :** le confort physique de l'environnement du service et de ses installations.

- **Dévouement :** le dévouement apparent des membres du personnel envers leur travail, y compris la fierté et la satisfaction qu'ils semblent retirer de leur fonction, leur assiduité et leur minutie.

- **Communication :** la capacité des prestataires du service à communiquer avec le client d'une manière limpide, y compris la clarté, l'exhaustivité et la précision des informations orales et écrites communiquées au client et la capacité du personnel à écouter et à comprendre le client.

- **Compétence :** l'habileté, la compétence et le professionnalisme avec lesquels le service est exécuté, y compris la mise en œuvre des bonnes procédures, l'exécution correcte des instructions données par le client, le degré de connaissance du produit ou du service montré par le personnel de terrain, l'offre de conseils adéquats et sensés, et la capacité générale à faire du bon travail.

- **Amabilité** : la politesse, le respect et la bienséance montrés par le service, en général le personnel au contact des clients, lorsqu'il traite avec le client et ses biens, y compris la capacité du personnel à être discret et importun lorsqu'il le faut.

- **Souplesse** : la volonté et la capacité du personnel à modifier la nature du service ou du produit pour répondre aux besoins du client.

- **Convivialité** : l'accueil chaleureux et l'accessibilité personnelle (plutôt que physique) des prestataires du service, en particulier pour le personnel de terrain, y compris une attitude enjouée et la capacité de bien accueillir le client.

- **Fonctionnalité** : la fonctionnalité et l'adéquation à l'usage ou la « qualité de produit », des installations et des produits du service.

- **Intégrité** : l'honnêteté, la justice, l'équité et la confiance avec lesquelles les clients sont traités par le service.

- **Fiabilité** : la fiabilité et l'homogénéité dans les performances des installations, des produits et du personnel du service, y compris un service ponctuel et une capacité à respecter les engagements pris auprès du client.

- **Réactivité** : la vitesse et l'opportunité du service, y compris la vitesse de traitement et la capacité des fournisseurs du service à répondre rapidement aux demandes des clients, avec un minimum de temps passé à attendre et à faire la queue.

- **Sécurité** : la sécurité personnelle du client et de ses biens au moment où il prend part au processus du service ou en bénéficie, y compris le respect de la confidentialité.

- Dans la démarche Esprit de Service, ce qui est premier ce sont les caractéristiques de la relation recherchée par l'entreprise avec ses clients.

Voyons donc comment définir les caractéristiques de la relation client. L'enjeu est d'importance pour l'entreprise : il s'agit ni plus ni moins que de se différencier de ses concurrents et de gagner la préférence des clients.Sans nier l'enjeu d'authenticité et le degré d'acceptation sociale.

Pour devenir la « meilleure société de service » du marché, AXA a défini 4 engagements (simplicité au quotidien, conseil dans la durée, présence dans les moments clés et écoute permanente) qui sont incarnés par trois attitudes clés : être disponible, être attentionné, être fiable ; c'est la DAF attitude.
Dans le domaine de l'assurance, Groupama a également développé un programme d'attitudes de services.

Renault cherche à réinventer l'expérience client en concession par le dialogue, l'empathie et l'assertivité.

Dans son plan stratégique 2008-2012, la RATP, pour sa part, a défini la relation client par les termes « fiable, facile, attentionné ». Les attitudes de service ont fait l'objet d'un référentiel de service et ont été exprimées sous la forme de 12 engagements regroupés en trois familles (« Se mettre au service de nos clients », « Sécuriser, créer de la réassurance », « Accroître l'autonomie de nos clients »).

Darty a inscrit l'Esprit de Service au cœur de ses valeurs. Pour Darty, l'Esprit de Service, c'est aimer rendre service, aimer faire plaisir, c'est avoir le sens du service, être proche des gens. Les attitudes de service sont déclinées selon le principe de la symétrie des attentions :
- vis-à-vis des clients : disponibilité, attention, courtoisie, amabilité, engagement sur la qualité des produits et sur la satisfaction totale du client ;

- vis-à-vis des collaborateurs : être prêt à rendre service à tout moment, vouloir faciliter le travail des autres par la qualité de son propre travail.

Ubisoft définit sa stratégie en 3 points : offrir une expérience fluide, écouter les joueurs et surprendre.

Dans le cadre de son projet stratégique « Objectif Vert », Veolia Transdev a développé un programme fondé sur les attitudes de service. Pour les définir, 12 situations « relation client » correspondant à autant d'attitudes de service, ont été identifiées (« aider un voyageur en détresse », « gérer des comportements perturbateurs », « rassurer les voyageurs en cas de situation perturbée », « conseiller l'achat d'un titre », etc.).

Dans l'hôtellerie, les attitudes de service constituent un enjeu stratégique.

Pullman Présentation à la journée « Les talents de la Relation Client » de l'Académie du Service, le 16 septembre 2009	Une signature : « Get Closer ». Engagement : ce que je dois faire. Adaptabilité : ce que je peux mieux faire. Créativité : ce que je peux faire différemment.
Fouquet's Barrière Présentation de M. Eric Boonstoppel à l'Agora des Directeurs de la Relation Client, le 19 Juin 2009	« The ART of Service » : Attitude, Respect, Together. La quête du plaisir de faire plaisir. Curieux et audacieux. Élégant et raffiné. Chaleureux et attentionné. Efficace et disponible.

Les attitudes de service sont à la base des stratégies de différenciation dans un autre domaine fortement concurrentiel : la téléphonie.

SFR enfin, pour devenir « opérateur de confiance », met en avant 4 types de comportements : la simplicité, l'audace, l'engagement, le sens du service.

Orange a développé dès 2004, la « Client Attitude » et n'a eu cesse d'approfondir le sujet des attitudes de service depuis, jusqu'à le placer aujourd'hui au cœur de son ambition de devenir le leader de l'expérience client en 2015.

En 2004, la « Client attitude » se composait de 6 attitudes clés.

> « La Client Attitude, c'est ce surplus d'âme qu'on sait mettre, qui va au-delà du sourire, qui est vraiment une prise en compte du client, une prise en charge du client, une réponse à ses besoins, et cette capacité qu'on pourrait avoir à répondre au client même si sa question est très très difficile. » Nayla Khawam, directrice de la Relation Clients.
>
> La Client Attitude est mise en œuvre au quotidien par nos équipes de conseillers clients. Elle se construit autour de 6 attitudes clés qu'ils cherchent à adopter. Voici quelques-uns de leurs témoignages :
>
> **La confiance a priori**
> « C'est dès le début ne pas douter de la parole du client et faire le nécessaire en fonction de ce qu'il nous dit. »
>
> **L'écoute active**
> « C'est écouter attentivement ce que dit le client et le laisser parler jusqu'à la fin. »
> « C'est reformuler de façon simple la demande du client pour m'assurer que je l'ai bien comprise et y répondre au mieux. »

> **L'empathie, le sourire**
> « C'est vraiment se mettre à la place du client pour bien comprendre sa demande. »
> « Avoir le sourire, c'est ce qu'il y a de plus important ! »
>
> **La prévenance**
> « C'est anticiper les besoins et les attentes du client en fonction de son mode de consommation. C'est, par exemple, si son forfait n'est pas ajusté à sa consommation, attirer son attention sur un forfait plus adapté. »
>
> **L'intelligence dans l'application des procédures**
> « C'est savoir adapter la procédure qui est donnée selon le cas soulevé par le client. »
>
> **La vérification de la satisfaction effective du client**
> « C'est récapituler avec le client ce qui a été fait pour vérifier que c'était bien ce qu'il désirait et que l'on a bien répondu à ce qu'il voulait. »

À partir de 2008, les attitudes de service ont été développées dans le cadre du programme ACTES. Ces attitudes sont à mettre en œuvre au fil de l'entretien téléphonique : enthousiaste, à l'écoute, impliqué, clair.

Les grandes marques de distribution ont développé depuis quelques années des programmes d'attitudes de service. Ainsi Monoprix a mis en place la DAC Attitude : Disponible, Attentionné et Convivial. Chez System U, les attitudes fondamentales des hôtesses de caisse sont : le sourire, l'attention, le respect et l'écoute.

L'effet WOW, c'est finalement une traduction de l'Esprit de Service, une preuve que l'entreprise est capable de continuer à susciter l'enchantement de ses clients.

3-2 Le choix des attitudes de service

Il appartient à chaque entreprise de réaliser ce travail d'identification des attentes de ses clients, dont on admettra qu'elles varient selon le domaine d'activité. C'est ce travail qui détermine les attitudes de service les plus utiles.

Ainsi, des attitudes telles que savoir anticiper les demandes, faire preuve d'initiative, être convivial, personnaliser la relation, se montrer réactif, pédagogue ou chaleureux, font partie des attentes qui caractérisent la relation différenciante avec une entreprise de service « idéale »[48]. La créativité, la rigueur, la précision, la clarté, la politesse sont des manières d'être jugées, dans cette étude, moins différenciantes. Le choix de l'entreprise consiste donc à déterminer, parmi toutes les attentes, celles qu'elle entend privilégier et en faire sa « marque de fabrique ».
Elle se décide selon deux paramètres : les comportements qui correspondent à son activité, ceux qui sont susceptibles de surprendre positivement les clients. La créativité par exemple, dont on vient de voir qu'elle n'était pas identifiée en tête de liste des attentes d'attitudes de l'entreprise idéale, récolte un score élevé en attitude qui surprend. C'est l'effet WOW. Inversement, la convivialité, qui est considérée comme très importante, ne présente pas ce trait de surprise (cf. les travaux de l'association Entreprise et convivialité que nous avons également contribué à créer).

La Poste a ainsi interrogé ses clients[49]. Il en est ressorti un tableau détaillé des attitudes attendues de service classées selon l'importance

---

48. Source : étude menée à la demande de La Poste par MV2 Conseil en 2010.
49. En 2010, pour définir ses chartes d'engagements clients, le Courrier a lancé une consultation nationale sans précédent à laquelle plus de 70 000 clients, particuliers

de la satisfaction des clients face à leur mise en œuvre par les postiers d'une part, et selon leur caractère différenciant d'autre part. Les comportements les plus différenciants vont être priorisés car ils vont permettre de « singulariser » La Poste en développant une relation plus proactive répondant aux nouvelles attentes de ses clients : contact naturel, chaleureux mais aussi dynamisme, réactivité, sourire et personnalisation. Ces attitudes ne sont pas imaginées artificiellement, elles procèdent au contraire d'une coconstruction avec les clients et les postiers, elles sont la manifestation de qualités qui existent déjà dans les compétences des collaborateurs. Elles révèlent et amplifient le talent des postiers.

Une fois cette identification faite, l'étape suivante consiste à imaginer les attitudes de service[50] à mettre en œuvre en fonction des dimensions de l'expérience client recherchée. L'ensemble des attitudes retenues va être réparti selon leur pertinence à chaque étape du parcours client. Par exemple, le client s'attend, au moment de l'accueil, à ce que son interlocuteur se montre disponible. Se dessine alors la carte des attitudes à avoir et, par conséquent, sont définis les principes d'action à transmettre aux équipes. À elles de mettre en œuvre les comportements, les gestes, les postures et les mots qui vont les traduire. Il est important de souligner qu'il ne s'agit pas de définir des comportements

---

comme entreprises, ont répondu. À l'été 2011, l'Enseigne a lancé l'opération « Paroles de clients » et a recueilli plus de 125 000 questionnaires dans ses 10 000 bureaux de poste ! Aujourd'hui, lorsque les bureaux de poste engagent une transformation ou se lancent dans la certification de service, des tables rondes clients/postiers sont régulièrement organisées.
50. Pour Maria Flament, responsable Voix du client chez Leroy Merlin *« demander à une personne comment elle va, c'est une action toute simple, mais qui fait la différence. Il s'agit de faire passer le capital sympathie avant même le business. D'être dans une attitude généreuse et sincèrement gratuite. Cela passe par des valeurs d'humilité, de prévenance et de confiance afin de donner de l'authenticité aux rapports ».*

figés, d'appliquer le parfait manuel des gestes et postures. Pour que la relation reste authentique, cela doit rester en quelque sorte des indications scéniques[51].

Peu à peu se dessine ainsi l'architecture de cet Esprit de Service : au sommet les valeurs qui forment la personnalité de marque (voir chapitre 2). Celles-ci s'incarnent dans des attitudes clés qui vont faire fonction d'équation relationnelle. Équation relationnelle qui apparaît comme un révélateur. On sait en effet, à chaque étape de la relation avec le client, quels sont les comportements à incarner. Pas une incarnation artificielle ou une répétition stéréotypée, mais plutôt une feuille de route qui aide le collaborateur à se repérer, à progresser et à accomplir sa mission.

Le graphique ci-après illustre ce propos, où l'on voit les trois attitudes clés de l'Esprit de Service retenues par La Poste (accueil, écoute, efficacité) et comment, à chaque étape du processus « entretien client », les comportements des collaborateurs sont décrits (ce que je fais et dis) en fonction des attitudes attendues par les clients et identifiées lors des enquêtes (ce que perçoit le client).

Pourquoi ce mot de « révélateur », employé plus haut ? Ces trois attitudes (accueil, écoute, efficacité) servent, pour La Poste, de référentiel pour interroger l'ensemble des processus : pour identifier les comportements, gestes et postures adaptés, mais aussi l'organisation du travail, les règles de fonctionnement et désormais pour apporter des améliorations au service sur tous les aspects.

---

51. Notion de script.

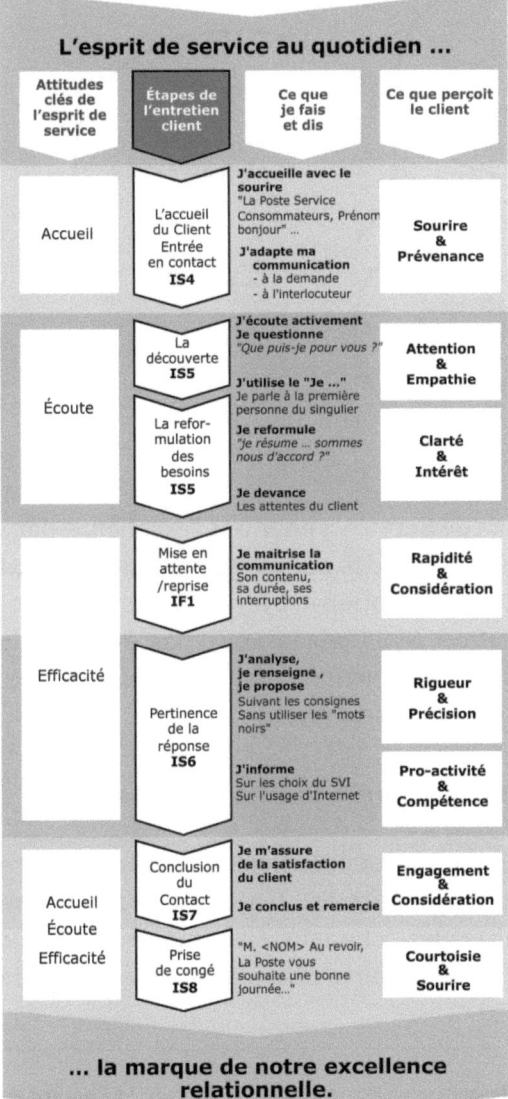

Les indicateurs IS4, IS5, IS6, IS7, IS8, IF1 sont définis par la norme EN15838 et le règlement de certification NF345 «Centre de Relation Client». (version antérieure à 2013). Dans le document ci-joint du Service Consommateurs Multicanal du Groupe La Poste, le lien est mis en avant entre la réalisation au quotidien des entretiens téléphoniques, les indicateurs de la certification de service et l'esprit de service.

La démarche Esprit de Service : passer du processus au parcours client

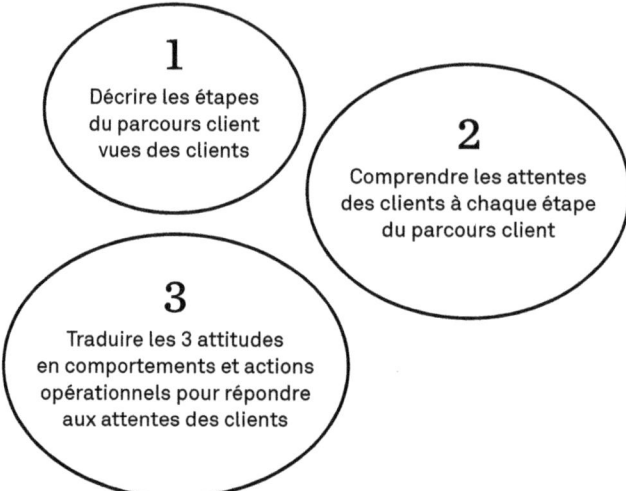

La première face[52] de l'Esprit de Service a pour but l'excellence dans la relation client. Les valeurs, attitudes et comportements servent indéniablement à construire cette relation et à en appliquer les caractéristiques à toute l'organisation. Mais cela ne suffit pas. Pour que la relation soit solide, c'est-à-dire pleinement satisfaisante dans le temps, d'autres mécanismes sont à mettre en œuvre.

3-3 Les attentes des clients : la suppression des irritants

Le client n'est pas dupe. Certes, un accueil souriant, le sentiment d'être écouté, le constat que l'interlocuteur est réactif et cherche une réponse contribuent à faciliter les échanges. Néanmoins, à l'instar de la pyramide de Maslow[53], si le besoin de base n'est pas satisfait, la

---

52. La deuxième face, indissociable, concerne le management interne ; cf. chapitre 4.
53. Voir chapitre 1.

cordialité dans la relation atténuera l'insatisfaction mais ne la supprimera pas. La suppression des irritants, ces situations qui génèrent le mécontentement, mais surtout qui détruisent la crédibilité et donc la confiance, est une priorité et une obligation. D'abord donc les identifier. Et pour cela interroger les clients.

Écouter, écouter, écouter pour détecter les signaux plus ou moins faibles. Nous l'avons fait à La Poste : des tables rondes ont été organisées auxquelles ont participé des clients, des représentants d'associations de consommateurs et des guichetiers. Le message est bien plus efficace lorsqu'il est dit par le client, que l'on reconnaît, plutôt que par le chef. Ou par le pair, autre chef d'établissement venu en voisin et qui accepte la réciproque. Les files d'attente sont arrivées en tête des sources d'agacement. Un programme ambitieux appelé « Contre toute attente » a alors été lancé pour y remédier : refonte de l'espace d'accueil des bureaux de poste pour rapprocher les postiers des clients, segmentation des flux basée sur les besoins des clients et les temps d'opération, mise en place d'automates pour les opérations sans véritable valeur ajoutée, standards de service sur les moments clés pour le client, dispositifs de mesures, formation, certification, fixation d'un objectif à moins de cinq minutes d'attente. En 2011, soit 3 ans après le lancement des engagements, les résultats étaient au rendez-vous : en moyenne le service était réalisé en 2,32 minutes[54] et 87 % des clients étaient servis en moins de cinq minutes sur le flux de lettres recommandées. Globalement, 92 % des clients se déclarent satisfaits de leur dernière visite en bureau de poste.

La suppression des irritants contribue à démontrer la volonté de l'entreprise de faire évoluer son fonctionnement, d'écouter et de s'adap-

---

54. Passage de 8,2 minutes en septembre 2008 à 2,3 minutes en mai 2011, et 1,49 minute début 2013 (étude MV2/Sofres).

ter aux besoins criants des clients. Visible par les clients, elle est un signe fort du changement proclamé, elle établit la confiance. Mais il faut faire plus encore.

3-4 Les attentes des clients : la prise en compte des réclamations

Le droit de réclamer est désormais admis, jugé « normal » et les entreprises ont intégré le traitement des réclamations dans leur organigramme. Leur recherche d'une relation de confiance implique cependant d'aller plus loin et de faire de la réclamation (conséquence d'un échec dans le service et/ou la relation) l'occasion d'une expérience surprenante et positive. Dans le même esprit de l'alignement stratégique décrit plus haut, les modalités de gestion de la réclamation vont être un nouveau moyen de se différencier des autres entreprises, d'affirmer sa singularité de marque. N'oublions pas que dans plus de 60 % des cas le mauvais relationnel est invoqué comme motif de rupture entre le client et la marque, loin devant les défaillances du produit. C'est pourquoi, la réclamation, ce moment où la charge émotionnelle est particulièrement forte, où la confiance du client en l'entreprise est mise en doute, va être l'occasion d'avoir un contact personnalisé, de prouver au client qu'il est reconnu, et que l'entreprise est véritablement engagée, au-delà du discours.

L'enjeu est de transformer l'expérience négative du client en un moment de vérité positif. Comment ? Là encore en identifiant les comportements attendus : pouvoir réclamer facilement, être écouté, voir la demande traitée rapidement, recevoir une compensation sont les demandes les plus fréquemment exprimées ; avoir le sentiment que le traitement a été personnalisé, que l'entreprise va tirer les leçons de l'incident contribue fortement à renouer les liens et à fidéliser le client.
Par exemple, recevoir un petit cadeau surprise, en plus du remboursement d'une robe commandée par correspondance et jamais arrivée à destination.

C'est dans cet esprit que nous avons mis en place à La Poste un service consommateurs. Il a été conçu pour faciliter le dépôt des réclamations en le rendant accessible et simple : un point d'entrée unique valable pour tous les métiers[55]. C'est un canal téléphonique non surtaxé qui permet l'accès à tous les services du Groupe, un accès Internet et une adresse postale unique. Mais il a également été pensé pour aider les guichetiers qui ne pouvaient répondre en direct à la demande en bureau d'un client mécontent « il est où mon colis ?! ».

Créé en 2009, reconnu dès cette année-là par les professionnels de la relation client[56], ce service a été élu « Service client de l'année 2010 », certifié NF Service « centre de relation clients » en 2011 sur le périmètre Courrier, en 2012 sur le périmètre réseau des bureaux et bientôt sur le périmètre colis. Le taux de décroché global du 3631 est passé de 59 % en 2010 à 80 % un an après. Il reste encore beaucoup à faire pour simplifier le parcours client et le quotidien des téléopérateurs, rendre fluide et rapide la circulation de l'information dans l'ensemble des canaux, analyser les messages des consommateurs, passer au langage naturel, lancer une communauté de clients contributeurs à l'amélioration des process et fonctionnements.

Conclusion

L'enjeu de l'Esprit de Service est clair : répondre aux attentes des clients, en leur faisant vivre en plus une expérience qui soit un moment de vie particulier. Ce qui signifie d'abord identifier celles-ci et apporter les réponses organisationnelles. Ensuite, en fait en parallèle, développer des pratiques de management de proximité, réactives

---

55. Voir plus loin chapitre 9.
56. Palme de l'innovation de la relation client 2010 décernée par l'Association Française de la Relation Client.

et collaboratives, qui viendront en support et rendront crédibles les engagements pris envers les clients.

J'ai décrit le moyen de mettre en œuvre l'alignement stratégique des engagements clients, en les liant aux valeurs qui les portent, aux mots qui les traduisent, puis en identifiant les modalités d'action qui les incarnent dans l'activité quotidienne. J'ai à chaque fois insisté sur la nécessité de recueillir l'expression des clients, la satisfaction, le sourire par rapport à un besoin, une attente plus ou moins exprimée.

Il est maintenant possible d'exposer comment bâtir l'autre face de l'Esprit de Service, de montrer les liens entre cette pyramide de la relation client et celle de la relation managériale. La cohérence de l'Esprit de Service se mesure à l'interne comme à l'externe !

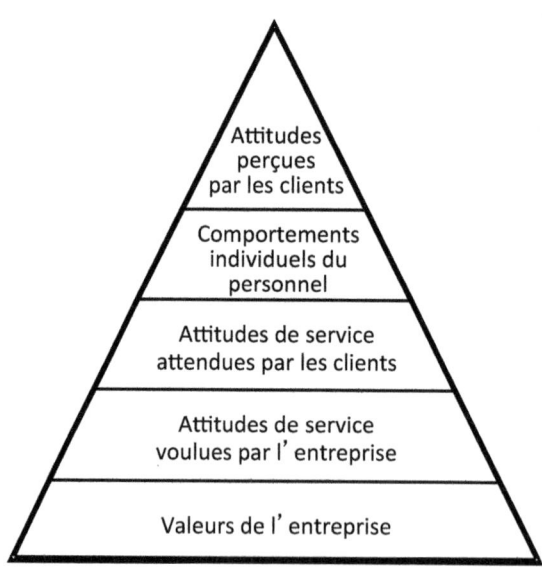

✑ Ma conviction

L'Esprit de Service se définit à partir des caractéristiques de la relation que l'entreprise souhaite avec ses clients. Elle en est à la fois le soubassement, le miroir et le gage.

L'Esprit de service est donc l'alphabet du service, qui permet d'écrire une relation adaptée au client, avec un socle commun de valeurs partagées.

L'expérience de La Poste

Les comportements des postiers constituent *un élément d'expérience déterminant dans la confiance*

Les chiffres ci-dessous résultent d'une enquête réalisée auprès d'un échantillon représentatif de la population française portant sur l'image de La Poste auprès du grand public permettent de mettre en évidence les facteurs déterminants de la confiance.

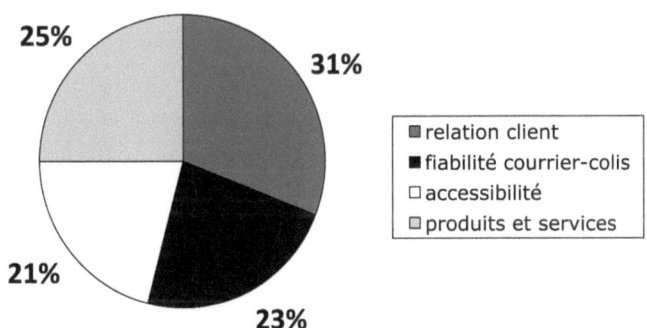

Les chiffres sont éloquents : la relation client (31 %) apparaît comme l'élément qui contribue le plus à la construction de la confiance des clients. L'enjeu de l'esprit de service perçu par le client ressort clairement ici.

Chapitre 4

L'esprit de service au cœur de l'excellence managériale

Dans ce monde étonnant et passionnant, aux puissants bonds technologiques portés par la vague de numérisation, nous sommes tous, à un moment ou à un autre, clients. Il suffit de penser au vendeur qui répond à un client, mais qui n'arrive pas à trouver l'information requise sur le Facebook de son enseigne parce que son smartphone patine. Ce vendeur se retrouve bien avec une double casquette : celle de commerçant et de consommateur déçu.

De ce fait, l'autorité s'est déplacée. Toutes les équipes savent que l'entreprise a des des clients et qu'ils ont des exigences. C'est un nouveau rapport d'organisation des entreprises avec un marché mouvant et exigeant. Chaque collaborateur peut réaliser que la matérialité de son action passe par la satisfaction du client. Il mesure donc le fait que chaque action se déroule dans un univers interactif. C'est un modèle dont La Poste a senti la pleine nécessité et l'urgence. Et oui, le modèle est transportable et adaptable.

L'Esprit de Service présente plusieurs facettes : cette relation client de qualité, mais également un management qui sait s'adapter et distiller ce renouveau en interne.

On ne peut imaginer que les fonctionnements de chacun, seul ou en groupe, tout autour de l'entreprise n'y pénètrent pas rapidement. L'entreprise n'est pas forteresse mais cellule. Un salarié qui pratique chaque soir les réseaux sociaux ne va pas laisser ses usages et habitudes dans un sac à l'accueil de son entreprise. Le monde devient rapide, transversal… l'entreprise aussi !

4-1 L'esprit de Service : une évolution dans le management

Reprenons la définition que j'ai donnée de l'Esprit de Service : « *L'Esprit de Service est un ensemble de valeurs, de comportements clés et de compétences qui permettent de développer, dans la durée, l'excellence de la relation avec le client, entre managers et collaborateurs et entre métiers et services de l'entreprise. Cette relation est fondée sur la confiance, le professionnalisme et l'engagement des équipes. C'est un levier de création de valeur et de différenciation concurrentielle. C'est un véritable modèle de management. Sa mise en œuvre constitue un projet stratégique de transformation service de l'entreprise.* »

Prenons un instant pour bien comprendre ce à quoi il faut aboutir. Vous avez une panne d'électricité, votre artisan électricien que vous avez contacté et à qui vous avez exposé le problème ne peut se déplacer avant deux jours. Il vous rappelle une heure après : « J'ai réfléchi, vérifiez le fusible 7 ». En vous donnant la solution, il a perdu une affaire, mais a gagné votre confiance.
Vous entrez dans un bureau de Poste, trois personnes attendent devant le guichet qui traite l'opération qui vous concerne. À ce moment, une voix demande : « *Qui vient pour retirer un recommandé ?* ». Le client passe avant le processus.

Troisième exemple : un client est absent de son domicile lors de la livraison de médicaments, dont il a absolument besoin. Par ailleurs, les médicaments ont été livrés dans un autre bureau de poste. Spontanément, un postier de ce bureau prend l'initiative de déposer les médicaments au bon bureau de poste, où se trouve le client, en rentrant chez lui.

Dans ces trois situations, la préoccupation pour apporter une solution prend le pas sur la considération organisationnelle, car c'est le résultat, la relation qui prime. Une personne s'est adressée à une autre ; cette dernière a à cœur d'apporter une réponse à sa demande. Il appartient désormais aux managers de permettre ce type de comportement, c'est-à-dire de le promouvoir et de l'organiser.

On est loin du taylorisme qui a inspiré notre management d'entreprises pendant des décennies avec pour conséquence des cloisonnements, l'absence d'initiatives et plus encore la déresponsabilisation (le « ça c'est pas moi ! »).

Je sais les remarques : la gestion par processus, la culture du changement, l'approche qualité ont changé tout cela. De fait, esprit d'équipe, système de suggestion, encouragement aux prises d'initiatives sont les mots d'ordre du management actuel. Certes ! Et c'est parce que ces modifications ont eu lieu que le nouveau modèle de management peut émerger. Mais ces modifications n'ont pas touché le cœur du système. Comment alors « sauver » le management intermédiaire ? Ce manager intermédiaire devient « coach », accompagnateur. En effet, les collaborateurs peuvent communiquer sans forcément passer par ce chef de proximité, mais c'est compliqué, car ici ce qui compte, c'est l'intelligence de l'objectif. Chacun connaît sa partition pour atteindre et répondre aux besoins du consommateur. Le management intermédiaire devient un véritable allié. Il n'est pas l'agent de la circulation qui contrôle les trajectoires des courriels, il est le pilote d'une efficience collective consacrée au client. Il est soutien, il est « solver problem ».

Le management taylorien, « l'ordre ancien », n'est plus adapté. On s'est efforcé de trouver un remède aux dysfonctionnements engendrés par l'organisation taylorienne. Les changements intervenus dans le management se sont faits en se surajoutant au mode de fonctionnement ancien mais sans remettre en cause ses fondements. D'où les difficultés à concilier gestion par processus et management hiérarchique par exemple. D'où encore les frictions entre les approches marketing et qualité. Cela a permis de « tenir » mais le système arrive en bout de course.

Prenons l'exemple de la qualité : la réflexion s'est focalisée sur le produit qu'il fallait rendre conforme à des exigences, celles des clients ou celles des normes. Mais on est passé de l'ère du produit à celle du service[57]. Comment dès lors réaliser l'objectif de 100 % de satisfaction des clients, et maintenant de recommandation (NPS) ou de fidélisation, alors que le zéro défaut n'existe pas dans le service ? La réponse, nous l'avons vu, est dans la relation, c'est-à-dire dans l'équipe et non plus seulement dans l'organisation de l'entreprise. Si la qualité de la relation avec le client repose sur les collaborateurs, alors elle est conditionnée par la qualité de la relation entre l'entreprise et ses collaborateurs et dans la façon de travailler entre services.

Avant de poursuivre, je voudrais souligner ceci : l'Esprit de Service va modifier en profondeur le système de management dans des modalités que l'on ne perçoit pas encore. Pour l'heure il va s'agir de combiner management hiérarchique, gestion par processus et gestion de la relation : en deux mots, passer du *hardware* au *software*.

Le management classique est organisé autour d'un axe : la ligne managériale, descendante, dont le moteur est la politique de l'entreprise. Il planifie et contrôle. Il est centré sur l'entreprise et la structure. La logique de l'Esprit de Service est quotidienne, externe et horizontale : elle cherche le dialogue, voire l'intégration, entre les clients et l'entreprise, au contrôle elle préfère la confiance et la réactivité. L'Esprit de Service est interactions entre les parties prenantes. Il est énergie et fluidité. Il est centré sur la relation et les hommes qui font le service.

---

57. Voir chapitre 1.

Pour résumer, l'Esprit de Service va structurer le management autour de la motivation, de l'engagement et de la coopération des personnes. Dès lors, deviennent essentielles la reconnaissance – sous ses diverses formes : encouragements, remerciements, félicitations, promotions, salaires, la possibilité de développer ses compétences, la responsabilisation sur des objectifs négociés, la participation à des groupes de travail, la confiance au travers de la délégation, la prise en compte des suggestions sans oublier la communication sur l'ambition, les projets, les résultats, la vie de l'entreprise.

Cette redéfinition du management est imprégnée d'une belle idée nommée « altruisme rationnel ». L'idée que les choses positives, les bonnes pratiques sont transmissibles et servent l'intérêt général.

Nous avons tous en effet intérêt à ce que notre manager, nos collègues et nos clients se sentent bien. Et l'Esprit de Service implique justement la nécessité de prendre soin de l'interne comme de l'externe. C'est une forme de maturité, d'autorégulation responsable. Une manifestation du management par la reconnaissance. Ce qui compte avant tout, c'est le sourire du collaborateur qui conditionne celui du client.

La reconnaissance devient plus subtile. En agissant pour que le client reparte avec un sourire, je suis dans l'altruisme rationnel. J'offre un service porteur de vécu émotionnel et je participe aussi au développement durable de l'entreprise. Mon management reconnaîtra mon degré de professionnalisme grâce à un regard extérieur. Car la satisfaction du client et celle de l'entreprise convergent.

Faire des acteurs en contact client non pas des « bouts de tuyau » mais les premiers capteurs de l'entreprise. Et donc les former et les doter des bons outils (cf. projet Facteo à La Poste qui consiste à équiper les facteurs de smartphone avec l'enjeu de passer progressivement de la dématérialisation à l'innovation de produits au plus près des clients).

Avant, la direction ordonnée était unique, elle devient à présent la résultante de trois axes : le bien-être des collaborateurs, la satisfaction des clients, l'intérêt de l'entreprise. Le collaborateur appliquait les directives. Il lui appartient désormais de les interpréter. L'encadrement définissait le cadre de travail dans lequel le collaborateur se coulait. Il s'agit maintenant de construire une organisation à « mémoire de forme » qui va s'adapter aux demandes particulières sans perdre le sens général. Cette plasticité de l'organisation est rendue possible grâce au rôle dévolu aux équipes et à son acceptation par le management.

Être par exemple une chaîne de restaurants spécialisée dans la vente de cafés et promouvoir une boisson personnalisée qui correspond aux attentes du client. Savoir expliquer au client les termes qui désignent les différents ingrédients de la préparation. Pouvoir même s'adapter aux différentes modalités de consommation. Considérer avec la même

---

Étonnant : le fonctionnement des matériaux à mémoire de forme

Les matériaux à mémoire de forme (plastique, alliages et même aluminium ou or) ont la capacité de se déformer suite à des chocs, puis de reprendre leur forme initiale. L'effet mémoire provient de la structuration nanocristalline. Le matériau classique casse ou reste déformé parce que les grains ont une taille uniforme. Sous un choc, la combinaison de grains petits et grands permet de faire absorber l'énergie par les premiers tandis que les seconds se déforment. Lorsque la contrainte extérieure disparaît, les petits grains relâchent l'énergie, ce qui induit une déformation inverse dans les grands. Le secret de ce phénomène est dans l'équilibre entre les grains de taille différente et leur distribution. L'organisation s'inspire de l'extérieur pour mieux respirer, trouver le souffle de l'avenir. Une écoute de tous les instants, source d'avenir et de durabilité.

attention le consommateur pressé qui va prendre le train, et celui qui a envie de prendre le temps de savourer son nectar dans une ambiance détendue, tendance « salon de thé » !

Posséder le vocabulaire du client pour mieux le servir est aussi une traduction de l'Esprit de Service. Quand Canal Plus propose son service de Video On Demand « Canal Play Infinity », il ne se contente pas d'indiquer le genre de films disponibles. Il va jusqu'à proposer une classification des longs-métrages liée aux envies. Voilà donc l'internaute aiguillé, accompagné, non pas vers un film, mais vers un spectacle qui correspond à sa recherche.

4-2 Les nouvelles caractéristiques du management

Les implications sont d'importance[58]. Les procédures fixaient les réponses : elles donnent maintenant la ligne générale. Le rôle du manager était de décider, d'arbitrer : il devient un « coach », celui qui apprend à agir, qui créent les conditions. La délégation était l'exception, elle devient la règle.

Mais plus fondamentalement encore : les équipes suivaient les consignes hiérarchiques. Désormais, le manager se vit au service de son client, le collaborateur. La relation n'est plus verticale mais horizontale. Le manager « Esprit de Service » écoute, facilite, soutient et rend compte des résultats, des progrès et des difficultés. C'est ainsi, par

---

58. Actuellement, la règle générale veut que les femmes et les hommes soient recrutés en fonction de la définition en amont des postes. Mais déjà, certaines entreprises – championnes de l'excellence du service - recrutent les personnes pour leurs attitudes et développent ensuite leurs aptitudes par la formation. Ce mouvement, fondé sur la valorisation du potentiel d'engagement des personnes, est un des axes de développement de l'Esprit de Service dans les directions des ressources humaines.

> **Le manager en soutien du collaborateur en contact avec le client**
>
> - Être à son écoute pour qu'il soit à l'écoute des clients.
> - Lui simplifier la tâche pour qu'il cherche à simplifier la vie des clients.
> - Lui faire confiance pour qu'il soit à l'aise pour faire confiance aux clients.
> - L'évaluer sur sa volonté d'accompagner les clients.

exemple, qu'il veille à supprimer les irritants opérationnels que constituent des outils et procédures mal adaptés, de la même manière que l'entreprise identifie et élimine les irritants dénoncés par les clients. C'est pourquoi le nouveau manager s'engage et recense les irritants et met en place une stratégie efficace pour gommer ces perturbations. C'est une façon de dire que le collaborateur est aussi important que le client. Le collaborateur est aussi écouté, entendu et ce qu'il dit est pris en compte. Les priorités du manager étaient tournées vers sa hiérarchie, elles deviennent fixées par les besoins de ses collaborateurs. Ainsi, l'approche qui consiste à prévenir et traiter la destruction de la confiance des clients en s'attaquant en priorité à la résolution des irritants (file d'attente) s'applique également en interne au travers du traitement par les managers des irritants opérationnels internes. L'expérience le prouve, pour générer de la confiance interne, il convient de s'attaquer à la résolution des irritants internes. Au bout de cette démarche, ce que les uns et les autres ne disent plus : « je l'ai dit 100 fois à mon chef ».

Autre changement. Le management classique, hérité de Taylor, évacue les manifestations émotionnelles. L'entreprise est conçue comme un lieu de méthode, de rigueur et d'efficacité où les émotions n'ont pas

> **Les irritants, sources de désengagement**
>
> Ce sont les dysfonctionnements quotidiens, des situations concrètes et triviales, que vivent les salariés, source d'ironie sur l'incapacité des managers, d'agacement, de dégradation de l'ambiance au travail, parfois de conflits, mais toujours de désengagement. Par exemple, l'absence de marque de reconnaissance, l'attitude irrespectueuse des personnes, le peu d'attention portée par les responsables aux demandes d'éclaircissement ou d'aide de leurs collaborateurs, le report continuel des réparations des locaux, les dates de congés imposées, les 32 codes qui permettaient autrefois l'accès à toutes les applications informatiques dans le bureau de poste !

leur place, même si leur mauvaise gestion est estimée à 30 % d'improductivité[59]. Le découragement, la frustration, la colère, la peur sont perçus comme des faiblesses. Mais dans l'entreprise de ce début du XXIe siècle, où la relation prend une place prépondérante, il ne peut plus en être de même[60]. Le manager a l'obligation de réduire les dissonances émotionnelles[61] et en particulier, bien sûr, le stress des équipes en contact avec les clients mais aussi celui qui est engendré par les « injonctions paradoxales »[62]. On voit bien que cela va aboutir à une refonte des pratiques managériales.

---

59. *Les émotions, Développer son intelligence émotionnelle*, Élisabeth Couzon, ESF Éditeur, septembre 2011.
60. Le développement du coaching est révélateur de la prise en compte des aspects émotionnels dans le management.
61. Il y a dissonance émotionnelle lorsque ce que ressent un employé est en discordance avec les comportements attendus de l'organisation.
62. La qualité est souvent perçue comme une injonction paradoxale : faire mieux avec moins.

Sans remonter au « petit chef », le manager ne tirera plus son autorité de son statut, mais de sa capacité à créer de l'envie, du dynamisme, du « résultat » pour toutes les parties et, bien évidemment, de la CONFIANCE[63]. Car au bout du compte, c'est bien de cela dont il s'agit : la confiance repose sur le respect des engagements mais d'abord sur l'exemplarité. On peut accepter que certains engagements ne soient pas tenus en raison des circonstances, à condition d'avoir la certitude de la bonne foi du manager. Le nouveau manager n'a d'autre choix que de se comporter en leader exemplaire parce que son autorité n'est plus acquise, elle est à démontrer. La Poste en a tiré les conséquences en entamant la démarche « Investors in People » par « le haut », c'est-à-dire le siège (voir annexe X).

4-3 La symétrie des attentions[64]

L'excellence de la relation avec le client repose sur l'excellence des relations internes. Dit autrement, il y a une symétrie à opérer entre management de la relation client et management des équipes. Comment ? En mettant en regard les comportements attendus des collaborateurs vis-à-vis des clients et ceux que les managers doivent avoir vis-à-vis des collaborateurs.
Prenons l'exemple des trois attitudes clés retenues par La Poste, après appel à suggestions des postiers : l'accueil, l'écoute et l'efficacité. La symétrie des attentions va aboutir à un tableau comme celui qui est proposé ci-dessous où chacune des attitudes clés est exprimée en comportements adaptés aux diverses situations. Les pratiques managé-

---

63. Dans ma définition de l'Esprit de Service, la confiance vient en tête des 3 éléments qui fondent la qualité de la relation client.
64. Nous devons remercier ici Jean-Jacques Gressier, Charles Ditandy, Benoît Meyronin et toute l'équipe de l'Académie du Service qui sont les promoteurs actifs de cette notion formulée sur la base des pratiques développées par les fondateurs de la marque SuiteNovotel (Suitehotel à l'origine), Olivier Devys et Gwenaël Le Houérou.

riales sont déduites, et en harmonie avec les attitudes définies vis-à-vis des clients. Il y a ainsi cohérence entre ce qui est demandé aux équipes et ce qu'elles constatent en interne. De ce fait, les valeurs de l'entreprise sont incarnées, le client comme le collaborateur en font l'expérience au quotidien. « Moi patron de poste, je ne peux pas demander à mon guichetier d'avoir l'Esprit de Service si je ne l'ai pas moi-même avec mon guichetier ». « Moi patron de bureau de poste, je ne peux pas demander à mon guichetier d'avoir l'Esprit de Service avec le client, si je sais que dans le même temps d'autres acteurs de l'entreprise ne jouent pas la partition (colis mis en instance par exemple qui renverra sur le guichetier un client mécontent). Il ne peut y avoir de dissonances. Sinon il y a doute et rapidement démotivation, repli et baisse de l'engagement.

La symétrie des attentions		
Comportements en externe vis-à-vis du client	Attitudes clés	Comportements en interne vis-à-vis des collaborateurs
Les postiers prennent l'initiative de venir vers moi.	Accueil	Je prends le temps de recevoir chacun.
Les postiers reformulent ma demande.	Écoute	Je prends l'avis de mes collaborateurs.
Les postiers proposent des solutions personnalisées.	Efficacité	Je sais déléguer et je responsabilise mes collaborateurs.

4-4 Le nouveau rôle du manager

Nous avons dit plus haut que le rôle du manager devait évoluer. Il doit désormais jouer un rôle de « coach ». Qu'est-ce à dire ? Qu'il lui appartient de prioriser et faciliter chez ses collaborateurs la bonne compréhension des valeurs et de la manière de les traduire en comportements adaptés aux clients. Il leur apprend l'autonomie et il le fait en accompagnant son enseignement d'actions concrètes congruentes. Soit, par exemple, la capacité d'écoute : elle se manifeste par la disponibilité, la reformulation ou encore le retour aux attentes exprimées. Le manager coach développe cette posture au sein de son équipe en se montrant ouvert, tolérant, en traitant les demandes, mais aussi en veillant à ne pas couper la parole, et en s'abstenant de susciter la suspicion.

Ce qu'il demande à ses collaborateurs, le manager doit pouvoir le leur apporter. Le manager coach montre l'exemple et se montre exemplaire. Il génère alors de la confiance. Et cette confiance permet aux collaborateurs de chercher à agir au mieux dans les limites des marges de manœuvre fixées. C'est ce mécanisme relationnel qui permet le passage des standards, qui sont des prescriptions, aux comportements personnalisés.

L'usage des pratiques de management fait dans le cadre de l'Esprit de Service s'éclaire. Par exemple, les systèmes de suggestions sont mis en place dans bon nombre d'entreprises depuis des années. L'Esprit de Service s'inscrit dans cette sollicitation de la créativité des équipes. Avec cette différence fondamentale que le rôle du manager n'est plus seulement d'organiser la remontée des suggestions et leur traitement, mais aussi de développer au sein de son équipe les comportements favorables à la production d'innovation : écoute, respect, encouragement, esprit critique, droit à l'erreur.

Pour être efficace, le management doit être cohérent. Jusqu'à présent le liant se faisait par la répartition des pouvoirs. Avec l'Esprit de Service, le lien est fondé sur la confiance : des clients envers l'entreprise ; des collaborateurs envers leurs managers et réciproquement. À une organisation par blocs verticaux se substitue une structuration horizontale par symétrie : entre les clients et le personnel, entre les mana-

Comparaison entre les modes de management	
Le management actuel	**L'Esprit de Service**
L'autorité est le fondement de la relation.	La confiance est le fondement de la relation.
Le management s'appuie sur un fonctionnement organisationnel.	Le management développe un fonctionnement relationnel.
L'organisation s'adapte aux demandes des clients.	La relation déclenche l'adaptation à la demande du client.
Le manager décide, arbitre. Il est donneur d'ordres.	Le manager est un coach qui apprend à agir. Il est montreur de sens.
Le mode de pensée entre le manager et son collaborateur est linéaire.	Le mode de pensée est circulaire et s'enrichit mutuellement.
La délégation est l'exception.	La délégation est la règle.
Le manager demande à ses collaborateurs de respecter les règles.	Le manager fait confiance à ses collaborateurs dans l'application des règles aux circonstances.
L'expression des émotions est neutralisée.	Les émotions sont reconnues et prises en compte.
Le manager dicte les attitudes à avoir.	Le manager montre l'exemple.
Le personnel est au service de l'efficacité du manager.	Le manager est au service de l'efficacité des équipes.

gers et leurs équipes, entre les métiers et les services, comme nous le verrons plus loin[65].

La conséquence est loin d'être anodine. Depuis des décennies, l'entreprise se heurte à une difficulté, celle du rôle de l'encadrement intermédiaire.

---

65. Voir chapitre 5.

Censé être la courroie de transmission[66] entre les responsables et les collaborateurs, il se sent de plus en plus « pris en sandwich », tiraillé entre les décisions des uns et les besoins opérationnels des autres ; entre le devoir d'obéissance et de réserve vis-à-vis de sa hiérarchie et l'envie et la nécessité de faire corps avec son équipe. La symétrie des attentions, par la cohésion et la cohérence qu'elle crée sur des valeurs partagées, lui permet de tenir pleinement son rôle. Il n'est plus celui qui, droit dans ses bottes, doit faire appliquer les consignes d'en haut. Il a la charge d'harmoniser les relations en introduisant de la signification dans les valeurs affichées, autour desquelles l'ensemble du personnel s'est trouvé réuni[67]. Son rôle est revalorisé, c'est un capitaine d'équipe.

4-5 L'Esprit de Service, le modèle de management pertinent

Avant de conclure, revenons ici sur ma conviction[68] : l'Esprit de Service n'est pas une option. Nous vivons une époque de délitement des liens sociaux, exacerbé par les mutations économiques. L'entreprise doit repenser des modes de management crédibles pour permettre le réinvestissement des équipes. L'Esprit de Service, par sa construction cohérente, qui embrasse interne et externe, propose une solution face à cet enjeu.
Mais la nécessité de ce nouveau management se trouve au-delà de l'horizon dramatiquement bouché par la crise. Il réside dans la prise en compte des caractéristiques des générations montantes, celles qui vont demain participer à la vie des entreprises.

La génération née au sortir de la seconde guerre mondiale (1959-1980) et qui a connu les Trente Glorieuses détient encore les leviers mais

---

66. Faute d'être associé à l'élaboration des décisions ou des procédures, l'encadrement intermédiaire se considère souvent plus proche des salariés que de la direction.
67. Voir chapitre 6.
68. Voir chapitre 2.

cela ne saurait durer. Elle est bousculée par la « génération Y », notion contestée mais qui a le mérite de souligner les différences d'attentes et d'approches entre les « générations », dont on dit qu'elle privilégie l'efficacité à l'ancienneté, la créativité et l'innovation à la solidité. Ces deux générations n'ont pas le même sens du temps. À la vitesse revendiquée par les Y, les X opposent une certaine maîtrise du rythme des changements. Les premiers cherchent à multiplier les expériences, les seconds soutiennent l'importance de se forger une expérience. Les uns sont multitâches et proactifs, les autres restent centrés sur leur métier et sont réactifs.

Ces oppositions vont devoir prendre en compte l'arrivée des Z, la génération suivante née autour des années 1996 et appelée aussi la « génération C » pour Communication, Collaboration, Connexion et Création. Ayant grandi avec les réseaux sociaux, elle est connectée en permanence. De là son malaise avec la hiérarchie qui exprime une communication verticale et du temps entre chaque niveau. De là son acceptation d'une temporalité qui mélange vie professionnelle et vie privée. De là encore son adaptation à des pratiques où l'espace est dématérialisé : conférence téléphonique, télétravail, plateformes collaboratives, usage des réseaux sociaux pour faire circuler de l'information ou en recueillir.

La coexistence, qui durera encore quelques années, entre ces trois générations ne va pas aller sans poser des problèmes de management au sein des entreprises. La principale sera sans doute l'articulation entre la logique hiérarchique pyramidale et la recherche d'un fonctionnement transversal, réactif au sein d'une collectivité. Par exemple, face à la réclamation d'un client ou à un problème de fonctionnement en interne, un X appliquera la procédure prévue. Un Z voudra pouvoir réagir en établissant une relation, une certaine connivence pour rétablir la confiance, ce qui suppose une marge de manœuvre. Voilà bien la situation que les entreprises vont devoir affronter et voilà pourquoi l'Esprit de Service, tel que je le conçois, est une réponse pertinente, même si toutes ses implications ne sont pas perceptibles aujourd'hui.

Conclusion

L'Esprit de Service transforme en profondeur la manière de manager, apportant de fait une réponse à la perte de confiance des clients et des collaborateurs. L'entreprise exemplaire en externe se doit de l'être en interne. Les engagements pris envers des clients doivent trouver leur équivalent envers les équipes : c'est la symétrie des attentions. On ne peut pas demander à un collaborateur d'être à l'écoute et en empathie avec son client, si le manager n'est pas attentif et à l'écoute de son collaborateur. Si toutes les implications et conséquences de cette nouvelle approche du manager ne sont pas encore identifiées, il en est une que l'expérience de La Poste a établie : la fierté retrouvée des collaborateurs[69].

Bien entendu, c'est un processus plus large qui se construit, au fil du temps. C'est un objectif, mais cela suppose parfois de lutter contre les archétypes et les stéréotypes. Il ne s'agit pas de penser une réalité idyllique, mais de participer à cette mutation avec un état d'esprit qui épouse l'époque. Dans le cas des bureaux de poste, les syndicats ont expliqué lors du début du processus d'amélioration qu'il suffisait de mettre plus de monde derrière les guichets. Mais, par la suite, les syndicats ont aussi eu l'intelligence de mesurer que les collaborateurs en contact avec les clients allaient mieux car l'organisation avait changé. Que les incivilités en bureau baissaient. Ils ont alors compris que l'Esprit de Service valorisait les hommes et leurs possibilités d'adaptation.

---

69. Dans les entreprises où il fait bon travailler, la confiance et la fierté sont des éléments clés (source : Great Place to Work).

C'est ce pari sur l'humain qui a emporté l'adhésion. Dans une obligation de gagnant-gagnant. L'exemple des horaires de fermeture des bureaux est particulièrement frappant. Une demande si forte des clients mais qui vient bouleverser les organisations de chacun. Et voilà les bureaux à Paris qui ferment à 20 h 00 ! et qui restent ouverts le samedi après-midi. « Ah je vous en ai beaucoup voulu d'avoir décidé de fermer les bureaux à 13 h 00 au lieu de 12 h 00, mais maintenant je rentre chez moi sans mes palpitations, car je n'ai plus à fermer la porte sur les clients qui veulent rentrer ! Alors c'est bien ! »

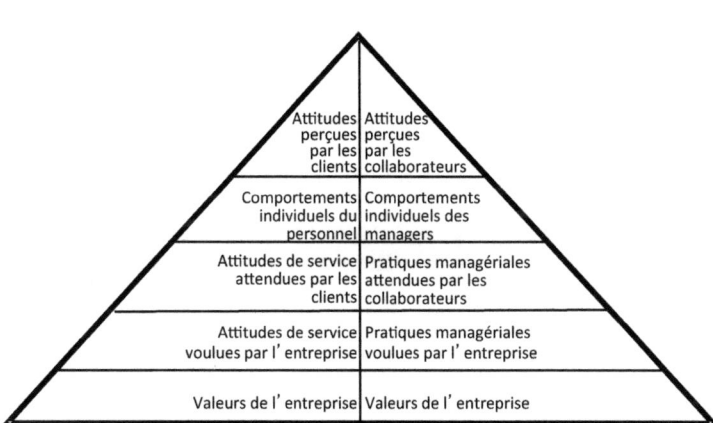

Pyramide de la relation : la symétrie des attentions

✒ Ma conviction

L'Esprit de Service établit une relation de confiance. La confiance des collaborateurs en leurs managers renforce celle des clients. Elle repose sur l'exemplarité des managers.

L'expérience de La Poste

La qualité de la relation de service entre postiers constitue un facteur clé de réussite pour atteindre l'excellence de la relation client.

Les attitudes clés de l'Esprit de Service (accueil, écoute, efficacité) se déploient dans les trois dimensions de la relation de service : entre les postiers et les clients, entre les managers et leurs collaborateurs, dans la coopération intermétiers/interservices.

Dans la relation entre les postiers et les clients	
Accueil	« Allons vers le client, adoptons une posture souriante et conviviale »
Écoute	« Soyons attentifs pour montrer que l'on recherche l'intérêt du client d'abord »
Efficacité	« Satisfaisons la demande du client ou orientons-le vers le bon interlocuteur »
Dans la relation entre les managers et leurs collaborateurs	
Accueil	« Valorisons les succès »
Écoute	« Encourageons chacun à exprimer ses suggestions avec l'innovation participative »
Efficacité	« Développons les compétences pour renforcer l'efficacité de chacun »
Dans la coopération intermétiers/interservices	
Accueil	« Favorisons les contacts des collaborateurs intermétiers/interservices »
Écoute	« Prenons en compte les attentes et les contraintes des autres métiers et des autres services dans l'élaboration des plans d'actions »
Efficacité	« Organisons des réunions intermétiers pour mettre en place des plans d'actions communs »

Chapitre 5

Les relations intermétiers/interservices : l'Esprit de Service au cœur de la coopération et de l'unité des entreprises

Dans la définition de l'Esprit de Service, donnée plus haut, on peut préciser encore ce que signifient les relations entre les métiers et les services au sein de l'entreprise. Entre le *front office* et le *back office*. C'est un enjeu complexe qui mérite un développement à part. Gardons présent en mémoire que les trois dimensions de l'Esprit de Service – le client (chapitre 3), le management (chapitre 4) et la coopération (chapitre 5) – forment un tout indissociable qui tire sa force de leur prise en compte simultanée.

5-1 La nécessaire unité de l'entreprise

Les entreprises, à partir d'une certaine taille, ont plusieurs métiers. Veolia, par exemple, c'est la propreté, l'eau, le transport et l'énergie. La Poste, c'est le courrier, le colis, la banque, la téléphonie, le service. Chaque métier a naturellement tendance à se concentrer sur sa propre performance, les objectifs de chacun d'eux peuvent être contradictoires, leurs modes d'organisation incompatibles. Or, si le client peut avoir à traiter avec plusieurs des métiers, il se considère néanmoins client de l'entreprise, dont il attend par conséquent un traitement homogène. Quand il rencontre un agent de La Poste, le client voit un postier et non selon le cas un banquier, un facteur ou un commercial du colis. Autrement dit, même si les métiers sont différents, autonomes et possèdent des logiques propres, il est indispensable de créer une unité entre eux. Cette exigence est renforcée à l'heure du multicanal où l'obtention de l'homogénéité du service et de la qualité relationnelle nécessite une coopération accrue entre les services. Avec le multicanal, en effet, le client peut entrer dans l'entreprise de plusieurs manières et les parcours client deviennent nombreux et variés. Ce qui est l'enjeu pour l'entreprise, en termes de SI, comment suivre toutes ces traces laissées par le client ?

Comment dès lors maintenir une vision homogène, globale d'une relation de service disséminée dans l'organisation ?
Comment faire en sorte que les réalités clients multiples soient comprises et partagées ? Aider le collaborateur à interpréter l'expérience et les attentes du client. Ne pas se dire, « je suis face à mon client », mais « je rends service à notre client ». Autrement dit, il s'agit de prendre soin du client en lui offrant le maximum d'informations pour que lui, consommateur, comprenne toutes les étapes du service rendu. C'est aussi la meilleure manière de lui simplifier la vie. On travaille mieux ensemble et le client perçoit l'entreprise comme un tout. Quelle que soit ma place dans l'entreprise, « je porte la relation avec le client ». Une façon d'être qui transcende les métiers, un esprit qui est un socle d'unité. L'indicateur clé ici est de ne plus jamais entendre « ça c'est pas moi » !
Quand une entreprise n'a pas, même en subliminal, véhiculé dans son patrimoine cette notion de rendre service, elle doit pouvoir y travailler. Mais ce n'est pas une appropriation stéréotypée, plaquée. Chaque entreprise, à son rythme et à sa manière, doit trouver cet esprit. Parce que c'est une nécessité et que les clients le réclament. Parce que c'est source de mieux-être pour toutes les équipes.
Et ce n'est pas évident d'agir avec le client en considérant l'entreprise

comme un groupe. Imaginons un instant le cas d'un jeune couple qui emménage. Ils sont ravis. Le vendeur vient de leur dénicher une magnifique armoire. Ils paient en plus pour la livraison et le montage du meuble à domicile. Lors de la livraison, les clients se retrouvent face à des livreurs qui ont moins le sens du service que le vendeur. Des livreurs qui se plaignent aussi d'avoir monté trois étages à pied. Certes, ces derniers n'appartiennent pas directement à l'enseigne qui a commercialisé l'armoire. Ils exercent pour une entreprise qui sous-traite les opérations de transport. Cependant, nos deux amis se demanderont bien pourquoi le service à domicile n'est pas aussi attentionné que celui rendu lors de l'achat ! L'Esprit de Service doit être transversal, « bout en bout », comme l'est l'expérience client avec la marque ! Dans le cas présent, il faut pouvoir miser sur le sens de la relation client chez les livreurs, en trouvant une formation *ad hoc* et un contrôle adapté.

Coopération. Jusqu'à présent j'ai associé l'Esprit de Service au terme « confiance » et le mot « esprit » était entendu comme la « disposition dominante d'une personne »[70]. L'acquisition par chacun d'un Esprit de Service visait à rétablir la confiance entre les clients et l'entreprise, entre les équipes et leurs managers. La relation était individuelle. On perçoit maintenant qu'il faut élargir son sens. La construction de la confiance passe par la coopération qui se définit comme « l'action de participer avec plusieurs personnes à une action commune »[71], la satisfaction du client. Le terme « esprit » signifie donc aussi « dispositions communes à un groupe de personnes ». De là l'importance de la plus large participation des collaborateurs à la définition des attitudes et standards de service[72] : c'est le seul moyen de créer l'adhésion à cet enjeu commun. Et l'on voit bien alors que l'unité d'action à créer n'est

---

70. Dictionnaire de la langue du XXe siècle.
71. Idem.
72. Voir chapitre 3.

pas simplement celle qui est engendrée par la gestion par processus[73] : elle est d'une autre nature car elle vise à forger un sentiment d'appartenance au sein du personnel et au-delà, une marque forte. Le mot « esprit » prend tout son sens. L'Esprit de Service ne se réduit pas à des modalités pour bien servir le client. Il est une approche de l'autre – le client, le collègue -, une posture qui s'apprend, qui se travaille pour devenir un art de la relation. La relation client doit être posée, il faut une intelligence de l'autre. La définition d'attitudes de services se nourrit des intelligences de la relation.

5-2 La nature de la transversalité apportée par l'Esprit de Service

L'enjeu est décrit, alors essayons d'en préciser les composantes. L'une des interrogations souvent formulées est la différence faite avec la relation client fournisseur interne (RCFI) ou encore avec l'orientation client. Depuis une vingtaine d'années, les démarches qualité ont développé la transversalité au sein des entreprises à travers l'approche processus. L'identification du besoin des clients a permis de décrire les chaînages d'activités et de donner une orientation client à l'ensemble des activités. Pour maîtriser les interfaces entre services, des contrats ont été passés, définissant les caractéristiques de leurs attentes respectives : les données d'entrée des processus. Coûts de non-qualité, coût des interfaces, des allers et retours, des structures qui aident deux structures à mieux travailler ensemble.

Indubitablement ces mécanismes ont pour finalité de créer des coordinations. Mais ont-ils suscité de la coopération ? À l'évidence, le pilotage des processus se heurte encore souvent au fonctionnement vertical, aux logiques de territoires, aux particularités des métiers. C'est que l'approche organisationnelle doit pouvoir s'appuyer sur la culture

---

73. Voir chapitre 4.

correspondante parce que c'est elle qui permet l'échange d'informations, l'envie et l'habitude de le faire. Et plus encore, elle autorise la souplesse nécessaire pour s'adapter aux circonstances, elle permet la réactivité à bon escient. C'est précisément l'apport de l'Esprit de Service qui se construit, certes à partir des pratiques développées jusqu'à présent, mais en accroissant leur potentiel d'efficacité en y mettant le sens global. Au-delà de la coordination, l'Esprit de Service crée de la connivence, un dialogue permanent et fructueux entre le siège et le terrain, entre les métiers, entre les services supports et opérationnels. Une chorégraphie qui pousse chacun à accomplir le geste qu'il faut, au bon moment.

La culture de l'écoute du client

Elle se construit par l'association de multiples pratiques internes (communication ouverte, habitude de coopération, lieux d'expression et de confrontation d'idées et d'expériences, respect des collaborateurs, tenue des engagements, diffusion de récits sur des relations clients réussies, rituels de rencontres avec les clients) facilitée par les nouveaux outils.

Allons plus loin. Nous avons parlé d'unité entre les métiers et services. En fait, c'est de synergie dont il s'agit, ce qui induit une valeur ajoutée particulière. La synergie se dit d'un phénomène par lequel plusieurs personnes ou éléments agissant ensemble ont un impact plus grand que la somme des effets attendus s'ils avaient agi isolément. Ce sont des énergies mises ensemble et qui se renforcent mutuellement. De même, la synergie générée par l'Esprit de Service entre services ou métiers a un quadruple effet :

- elle renforce la connaissance globale de l'entreprise sur ses clients par la mise en commun des données collectées par les différents services ;

- elle développe la capacité d'innovation par la mise en commun et la stimulation ;
- elle augmente l'efficacité totale en raison de la délivrance du bon niveau de service par chacun ;
- elle pousse à la simplification du service parce que celle-ci rassemble alors que la complexité divise.

> **À La Poste : une innovation collective**
>
> La transformation des bureaux de poste reste sans doute l'une des innovations de service les plus spectaculaires de ces dernières années. Fondée sur un large benchmark des lieux de service, elle trouve ses racines dans le projet « Contre toute attente ». Il s'agissait, en 2007, de mener un pilote dans 40 bureaux de poste particulièrement affectés par les durées d'attente longues (près de 45 minutes un samedi matin, lorsque c'est aussi le jour de versement des prestations sociales). Parce qu'il s'agissait d'une expérimentation, « Contre toute attente » a permis, sur un périmètre restreint, de tester beaucoup de choses – très vite –, d'apprendre rapidement et de bâtir efficacement les solutions et leurs méthodes de déploiement. L'un des enseignements majeurs de ce laboratoire vivant reste le caractère global des solutions identifiées par les acteurs opérationnels face aux enjeux de la relation de service.
>
> C'est bien parce que tous les métiers de l'entreprise ont été engagés dans une logique de coopération, et pas seulement l'équipe du bureau de poste, que La Poste est parvenue à ramener dès mai 2012 l'attente moyenne à 2,08 min pour retirer ou déposer un courrier ou colis dans les 2 000 plus importants bureaux de poste ! Une nouvelle relation avait été inventée par la mise en commun des expériences de chacun focalisée sur un objectif unique.

5-3 L'Esprit de Service : la construction de la transversalité

Alors comment créer cette coopération-synergie ?
D'abord par une meilleure connaissance réciproque :
- organisation de réunions interservices pour connaître les contraintes de chacun, les formaliser et prendre des engagements réciproques ;
- communication des procédures de travail pour comprendre les manières de travailler ;
- permutation d'agents sur de courtes périodes[74] ;
- organisation de visites croisées ;
- intervention d'agents d'un service dans les réunions d'autres métiers.

Ensuite par des objectifs partagés. D'où l'importance du choix des bons indicateurs à suivre. Puis par des groupes de travail conjoints[75] sur des questionnements communs pour élaborer des solutions partagées. Par exemple, en partant des irritants internes (ce qu'il y a de plus concret et de plus opératoire).
Ensuite encore, en partageant les bonnes idées des uns et des autres. Mais aussi, en favorisant la mobilité des collaborateurs vers les autres métiers.
Enfin, en créant des organisations communes qui poussent à la rencontre, au partage et à l'élaboration de pratiques communes. C'est le rôle joué par le service consommateurs à La Poste, chargé à la fois de donner des informations sur les différents produits et services des différents métiers et de collecter et traiter les réclamations.
Il est indéniable que cette mise en commun des dysfonctionnements remontés par les clients permet une compréhension plus fine de leurs attentes. L'analyse de l'ensemble des données collectées aide à imaginer d'autres services, à faire évoluer les procédures.

---

74. À La Poste, organisation de journées « Vis ma vie ».
75. À La Poste, nous parlons de codéveloppement.

L'Esprit de Service dans la relation intermétiers/interservices : la coopération au quotidien

Extrait des bonnes pratiques managériales recommandées dans la charte de responsabilité des cadres de La Poste

- Je veille à entretenir au sein de mon équipe la connaissance des autres métiers.
- J'organise des « journées portes ouvertes » pour faire découvrir nos activités, notre métier aux autres entités du Groupe.
- Je porte attention aux demandes et besoins des autres métiers.
- Je prends le temps de recevoir mes collègues des autres entités et je favorise leurs contacts.
- Je sais prendre en charge un client pour les autres métiers et l'orienter vers le bon interlocuteur (et éviter le « ça c'est pas nous »).
- J'implique les parties prenantes (autres métiers, autres services) concernées par les activités de mon métier ou de mon service.
- Je crée et je participe à des moments de convivialité avec les autres métiers.
- Je pratique l'écoute active auprès des autres entités du Groupe.
- Je prends l'avis des autres services et métiers avant la prise de certaines décisions.
- J'organise, je participe et je valorise le partage d'expériences et de bonnes pratiques.
- Je veille à la circulation des informations pertinentes à l'ensemble du Groupe.
- J'incite mon équipe à participer à l'identification des irritants communs à plusieurs services et métiers et à l'élaboration des plans d'actions.
- J'encourage le développement de projets transverses et je valorise la participation de mon équipe à ces projets.
- Je stimule la contribution de mes équipes au dispositif d'innovation transversale pour développer des offres de service intégrées.
- Je reconnais les succès communs.

> - Je donne du sens : en explicitant la contribution de mon équipe à la chaîne globale de la valeur ajoutée ; en favorisant l'adhésion à un projet du Groupe qui présente un intérêt général supérieur aux intérêts particuliers de mon équipe.
> - J'organise des réunions intermétiers afin d'identifier les synergies et mettre en place des plans d'actions communs.
> - Je mets tout en œuvre pour respecter les conventions de service qui formalisent des engagements réciproques.
> - Je contribue au développement d'outils partagés de pilotage : des standards de service bout en bout ; des dispositifs de pilotage et des indicateurs communs.
> - Nos métiers rendent compte conjointement de l'atteinte des objectifs.

Conclusion

La coordination des services est un enjeu récurrent des entreprises. Jusqu'à présent, l'approche était restée interne, axée sur les performances, la réduction de la non-qualité générée par les allers et retours. L'irruption du client dans le fonctionnement de l'entreprise conduit à penser ce sujet de manière globale. La construction de synergies prend le relais du souci de coordination. La coopération n'est plus l'apanage de la direction, qui d'ailleurs n'est pas toujours exemplaire, elle doit se faire à tous les niveaux et imprégner la vie quotidienne des collaborateurs.

✒ Ma conviction

Les différents canaux de la relation ne sont pas concurrents mais complémentaires. Quel que soit le canal d'entrée du client, il doit être satisfait et trouver le même niveau de qualité. Chacun, dès lors, devient acteur de la chaîne de service. Comme les neurones connectés les uns aux autres, les compétences se croisent et se renforcent.

L'expérience de La Poste

Une culture se forge par des moments institutionnalisés et communs de partage et de réflexion. À La Poste, les « Instants Qualiades » en tiennent lieu. Ce sont des réunions organisées sur une base territoriale qui regroupent entre 100 et 150 managers de tous les métiers. Les échanges entre participants, les travaux des groupes sont retraduits dans des livrets agréables et colorés pour en garder la mémoire et en faciliter la diffusion.

Portés par la direction de la qualité du Groupe La Poste, les « Instants Qualiades », favorisent l'appropriation de la notion d'Esprit de Service. Ils permettent en effet de :

- s'approprier les attitudes clés autour de l'Esprit de Service : accueil, écoute, efficacité ;
- mobiliser les équipes autour d'une thématique majeure du plan stratégique ;
- créer des synergies pour améliorer l'accueil des clients en partageant le sens du service ;
- partager les expériences et bonnes pratiques.

L'enjeu, au lendemain de ces « Instants Qualiades » est bien de faire évoluer les manières de faire !

Chapitre 6

Le déploiement de l'Esprit de Service

Comment réussir à insuffler l'Esprit de Service ? Comment faire évoluer les comportements de tous les collaborateurs ? Interrogations clés qui seront traitées en deux temps. D'abord l'acquisition des compétences, puis la conduite du changement. Bien entendu, le « coach » est aussi lui-même formé. La formation concerne tous les acteurs de cet Esprit de Service. L'entreprise devient un véritable lieu de formation permanente. Il faut toujours synchroniser son savoir-faire avec les besoins du client et avec les attentes des collaborateurs.

6-1 La « formation » à l'Esprit de Service

Commençons par reformuler les objectifs de la formation[76], tels qu'on peut les déduire des développements précédents. Il s'agit de connaître ce qui fonde l'Esprit de Service, d'en identifier les bonnes pratiques, de comprendre en quoi l'Esprit de Service modifie les rôles. Formuler ainsi l'objectif de formation ne semble pas devoir escalader l'Himalaya

---

76. Vinci Park a créé l'école de commerce du stationnement pour former le personnel au métier du service : « *Si nous avions des ambitions vis-à-vis du service à fournir au client, ces ambitions étaient freinées par le goulot d'étranglement que représentait le personnel qui n'était pas formé* », Denis Grand P-DG Vinci Park (source : *Servir ou disparaître*, Martine Calligaro et Jean-Jacques Gressier, éd. Vuibert).

! Quelle différence avec des formations bien maîtrisées par les équipes pédagogiques sur la qualité – par exemple : connaître les principes de la qualité, identifier les outils et méthodes ou encore savoir promouvoir la qualité au quotidien, bâtir un plan d'actions, construire des indicateurs ? La réponse est dans l'énumération : les formations portent traditionnellement sur des savoirs et des savoir-faire, des connaissances et des instruments. Elles ne portent pas sur les comportements. Or, nous l'avons vu, l'Esprit de Service est un ensemble « d'attitudes clés et de compétences ». L'objectif de la formation est de permettre au regard de chacun d'évoluer. Le collaborateur doit ressentir le besoin de formation. Engagement et responsabilité sont donc essentiels dans cette concrétisation de l'entreprise apprenante. Le fait pour un postier de bénéficier d'une formation est une marque de considération vraie, parce que le collaborateur constate que l'entreprise lui transmet un savoir.

Certes, il reste des connaissances à exposer, des clefs de compréhension à donner, des instruments à savoir utiliser : pourquoi l'Esprit de Service ? Quelle est l'importance des émotions dans la relation de service ? Quels sont les standards de service définis par l'entreprise ? Comment concilier égalité et personnalisation ? Comment faire face aux incivilités ? Mais aussi comment enseigner la bonne attitude d'accueil en fonction de la singularité des clients ? Comment transformer un collaborateur bon technicien en prestataire de service ? Comment le former à l'attitude proactive ? La solution est dans des formations pratiques, ce que nous avons appelé à La Poste des formations « Service gagnant », au cours desquels les participants échangent abondamment, étudient des situations, imaginent ensemble, codéveloppent la traduction opérationnelle appropriée des attitudes de l'Esprit de Service. Ce sont des temps entre la formation action (la « form'action ») et le coaching, qui s'apparentent à un « travail » collectif au sens psychologique du terme. Il vise la transformation des représentations, des automatismes relationnels, des habitudes.

Chapitre 6

Les participants à ce type de formation apprennent à réfléchir, à s'interroger puis à utiliser des instruments qui leur permettent de construire les attitudes d'Esprit de Service appropriées aux situations qu'ils rencontrent.

Par exemple, lors d'un atelier, il s'agissait de recevoir un client, jeune actif, qui souhaitait confier la gestion de son compte bancaire. Le travail pédagogique consiste dans la construction d'une grille à remplir avec en abscisse les étapes du processus et en ordonnée les attentes, les irritants et les attitudes d'Esprit de Service retenues par La Poste. Les participants à l'atelier proposent, échangent, discutent pour finalement se mettre d'accord sur le contenu de chaque case de la grille.

Bien évidemment, ce type de grille et d'exercices est valable pour toutes les situations rencontrées par les collaborateurs : avec le client, mais aussi, en raison du principe de symétrie des attentions, entre collègues de l'équipe et collaborateurs des autres services.
Prenons un instant, avant de poursuivre, pour risquer une hypothèse. L'expérience des ateliers montre qu'il est plus facile de réfléchir en termes d'actions livrables qu'en termes d'attitudes et de comportements humains. La raison est sans doute à chercher du côté de la qualité qui nous a appris à penser objectifs, process, indicateurs, résultats. Mais ne serait-ce pas plutôt en raison de notre manière occidentale de penser l'efficacité ? Elle est le résultat d'un plan projeté à l'avance, d'un lien entre les moyens et les fins. Toute autre est l'approche chinoise[77] pour qui l'efficacité est attendue du potentiel de la situation, de l'environnement créé. Dans l'optique Esprit de Service, l'efficacité, c'est-à-dire la satisfaction du client, résulte des circonstances dans lesquelles le service est délivré, de la relation qui s'établit. Fermons la parenthèse et revenons à notre sujet : le déploiement de l'Esprit de Service.

---

77. *Traité de l'efficacité*, François Jullien, Grasset, 1996.

Exemple de grille d'identification des attitudes de service
(Direction de la Qualité du Groupe La Poste)

Recensement des attentes clients → Offre / informations clients → Conseil Souscription → Réalisation du service → Suivi du service, SAV

	Recensement des attentes clients	Offre / informations clients	Conseil Souscription	Réalisation du service	Suivi du service, SAV
Attentes clients	Confidentialité Accessibilité Rapidité	Présentation claire et adaptée, bon rapport qualité prix	Facilité de souscription, expertise	Respect des délais et des annonces	Disponibilité
Irritants clients	Subir la méthode	Non adéquation du conseil au besoin réel du client	Faire passer l'intérêt du banquier avant celui du client	Non-respect des délais et des annonces	Indisponibilité
Comportements et actions mesurables liés à l'Esprit de Service					
Accueil	Prendre en charge le client à l'heure, être prévenant et courtois	Personnaliser l'offre	Préparer en amont les contrats et documents à remettre au client	Respecter la durée de l'entretien	Proposer une relance pour un produit complémentaire
Écoute	Reformuler le motif de la prise de RDV	Obtenir une validation sur la compréhension des besoins	Vérifier la justesse de la proposition par rapport aux besoins du client	Être disponible pour de nouvelles informations	Mettre à jour les données du client
Efficacité	Expliquer les modalités du RDV	Évoquer les besoins futurs du client	Recueillir l'accord du client	Suivre la prise en compte du contrat par les services	Traiter les dysfonctionnements, donner des conseils adaptés

Les ateliers, reposant sur la pratique, permettent de décrire précisément la façon dont les collaborateurs vont mettre en œuvre l'Esprit de Service. Il est important de souligner que la « façon de s'y prendre », qui résulte de ces ateliers, est conçue par les équipes elles-mêmes et non définie par les managers. L'appropriation n'en est que plus grande. Le rôle des managers est alors d'examiner la pertinence dans l'application quotidienne de ces « scripts » et de provoquer régulièrement des réunions d'échanges de pratiques pour les évaluer, les amender et les améliorer.

On voit là apparaître le deuxième facteur de succès de ce type de formation. Elle repose sur l'imagination des participants, liée à deux éléments : le droit à l'initiative, donné aux collaborateurs, la confiance dans leur capacité à concevoir les comportements appropriés. Cette valorisation est un facteur supplémentaire d'appropriation.

L'efficacité de ce type d'apprentissage requiert que soient réunies quatre conditions dans la mise en œuvre :

- La première condition : il faut prendre le temps de sensibiliser, d'accepter de sortir du quotidien pour envisager une transformation dans la durée. Est-ce un risque ? De libérer du temps pour penser l'Esprit de Service. C'est plutôt un pari, un investissement d'avenir. C'est poser la pierre d'un chantier durable, la façon la plus juste de s'ancrer dans la performance humaine. Comment prôner développement et croissance responsables sans oser prendre le temps de favoriser la réussite de l'entreprise ?

Apple prend le temps de penser l'iPhone à un moment où personne ne l'imagine dans la téléphonie. Google invente Google Map, alors que d'autres acteurs des nouvelles technologies n'avaient pas pris conscience de l'essor du nomadisme numérique, du fait que la mobilité deviendrait un droit. Michelin cartographie la France, en se projetant déjà dans l'avenir de l'automobile.

S'agissant d'une transformation des comportements, la répétition est incontournable. L'Esprit de Service ne s'acquiert pas en deux jours de formation. Nous développerons la question plus tard en abordant le pilotage de ce changement culturel[78].

- La deuxième condition, c'est la régularité dans l'effort. Cela permet l'apprentissage dans un premier temps puis la modification des comportements. La répétition n'est pas piqûre de rappel et encore moins bourrage de crâne, mais la mise en place progressive d'une nouvelle culture.

- D'où, et c'est la troisième condition, la variété des modalités d'apprentissage. S'adapter aux besoins du collaborateur pour qu'il puisse véritablement porter l'Esprit de Service. Proposer une variété de modalités de formation, une multiplicité de choix, un apprentissage pluriel au plus près des attentes du terrain. J'ai parlé des ateliers, d'autres sont à imaginer. J'en citerai quatre que nous avons lancés à La Poste.

Nous avons créé une labellisation « Esprit de Service » des formations qui abordent ce thème en introduction. Nous organisons des journées « prise de conscience » qui réunissent, par périmètre métier, des salariés auxquels on présente les résultats d'enquêtes réalisées auprès des clients. On leur demande de se comporter et de réagir en clients[79]. Les idées, remarques, solutions émises par les uns et les autres sont ensuite partagées et chacun peut dès lors en faire bénéficier son équipe. Dans ce type de dispositif, il est important de veiller à mélanger les équipes, les sites, les collaborateurs et les managers, de croiser

---

78. Voir chapitre 8.
79. Chez Vinci Park *« prendre la place de nos clients, c'est aussi effectuer chaque jour leur cheminement à l'intérieur du parking, en voiture et à pied, pour aménager le repérage, faciliter l'accès à nos services, veiller à la propreté, au changement des fluos, à l'effacement des tags, à l'arrachage des adhésifs indésirables »*, Denis Grand (source : *Servir ou disparaître*, Martine Calligaro et Jean-Jacques Gressier, éd. Vuibert).

Chapitre 6

des parcours, de façon à permettre l'émulation et le partage d'expérience. Sans oublier de faire le point quelques mois plus tard, en application du principe du PDCA[80], cher à la qualité.

Dans le même esprit d'ouverture de perspectives ou de « désincarcération » des schémas de pensée, nous avons mis en place les « Instants Qualiades », déjà évoqués[81], et les stages d'immersion interservices, dénommés « Vis ma vie », qui engagent les collaborateurs à échanger les fonctions et à acquérir un autre regard sur la réalité quotidienne de leurs collègues dans leur relation client[82]. Le service, ce n'est pas qu'une valeur, c'est un principe d'action. C'est mesurable en termes de résultat.

Le point commun entre toutes ces modalités de formation est le brassage, exigence qui découle de l'objectif de l'Esprit de Service : « ... développer dans la durée l'excellence de la relation avec le client et aussi entre les managers et managés et entre les métiers et services ».

- Enfin, la dernière condition pour un apprentissage efficace est d'ordre quantitatif : c'est l'ensemble des collaborateurs qui doit « entrer en apprentissage ». L'investissement est énorme mais indispensable. En 2011, par exemple, ce sont au total 111 000 postiers de tous les métiers qui ont été concernés ; à l'enseigne, depuis 2009, 22 000 agents des bureaux de poste. De même, 13 000 facteurs et collaborateurs du courrier ont travaillé sur les attitudes de service.

---

80. PDCA ou roue de Deming. Méthode de base de l'amélioration : planifier, faire, contrôler, améliorer (en anglais Plan, Do, Check, Act).
81. Voir chapitre 5.
82. De la même manière et dans le même but, Auchan propose à ses clients de prendre la place d'une hôtesse de caisse pendant quelques instants.

6-2 La conduite du changement

Parce qu'il s'agit de faire évoluer des comportements, parce que cette transformation touche tous les collaborateurs, mais aussi les managers et les dirigeants, et tous les métiers de l'entreprise, l'effort est à inscrire dans la durée avec des progressions qui sont forcément diverses. Dès lors, un dispositif d'animation s'impose.

Transmettre l'Esprit de Service, c'est former pour faire évoluer les attitudes et développer les compétences, nous venons de le voir ; c'est aussi soutenir les collaborateurs et les mobiliser dans cette évolution. Il s'agit donc d'un pilotage de la démarche, attentif, coordonné et captivant.

Commençons par le soutien. C'est sans doute le plus délicat à réussir. Il repose sur les managers qui ont à faire face à une double évolution : celle de l'acquisition de l'Esprit de Service, comme toute personne au sein de l'entreprise, et celle de leur rôle d'encadrant. D'ailleurs, « encadrant » est un terme déjà dépassé. Pour mobiliser leurs collaborateurs, ils doivent d'abord donner l'exemple. L'Esprit de Service doit être incarné par le manager. Dans le cas contraire, ses collaborateurs ne peuvent le reproduire face au client. C'est l'application du principe de la symétrie des attentions. Comment demander le respect des horaires de rendez-vous fixés avec les clients, quand soi-même on arrive en retard aux réunions ? Comment promouvoir l'Esprit de Service, quand on n'en est pas soi-même convaincu ? Désormais le « ça c'est pas nous » ou le « faites ce que je vous dis, ne faites pas ce que je fais » n'ont plus cours. La position d'encadrant crée des obligations, n'autorise pas des dérogations. Les propos sur des valeurs affichées et non vécues par les responsables ont suscité une perte de confiance des clients, incompatible avec l'Esprit de Service.

Deuxième aspect de cette composante du soutien : le manager devient un coach, un accompagnateur, expliquant, montrant comment traduire l'Esprit de Service dans la vie quotidienne. Il n'hésite pas à prendre la place d'un collaborateur pour lui faciliter l'appropriation des comportements décrits. Il suscite des réunions pour étudier une situation d'extrême insatisfaction, vécue par l'un des membres de son équipe ou encore autour de la réclamation d'un client, voire du résultat d'une enquête mystère. Il se rend disponible pour faire le bilan des problèmes rencontrés ou écouter les difficultés de ses collaborateurs. En bref, il est à proximité et non plus au-dessus de son équipe ; il montre et démontre au lieu de dire. Pour ma part, je le répète en toute occasion : « l'Esprit de Service n'a de sens que vécu par tous les collaborateurs. Ce que je demande à mes collaborateurs, il faut que je sache le leur apporter ».

Le comportement des managers est essentiel mais n'est pas suffisant. Il va permettre de nouer un lien de confiance pour crédibiliser les conditions de la mobilisation. Cette dernière est une construction dont le résultat visible est l'implication des collaborateurs. Rappelons que l'échec de l'implication est celui du manager. Les bonnes pratiques de mobilisation sont connues, au manager de les mettre en place. Mais il ne peut être seul. L'entreprise doit s'organiser pour l'aider à réussir. Rappelons-les succinctement en ajoutant des commentaires sur la manière dont elles ont été mises en œuvre à La Poste.

Tout d'abord, et dans l'ordre des choses, la communication sur le sens. Les équipes ont besoin de comprendre ce qui leur est demandé, le pourquoi de l'Esprit de Service, mais aussi les perspectives : où cela les mène-t-il. Comprenons que cette communication est celle du sens et des perspectives pour le collaborateur.

« Qu'est-ce que j'y gagne ? » est une question légitime, à laquelle le manager doit pouvoir répondre, jusqu'à entendre le collaborateur lui dire : « Je suis fier de mon métier, les clients me sourient et me respectent depuis que la démarche Esprit de Service a été lancée ».

Il comprend le pourquoi de son engagement et de sa mission. En disant cela, il constate qu'il est devenu créateur de lien. Il n'est plus un anonyme mais une personne ; une personne qui s'adresse non plus à un numéro mais à une autre personne. La promesse de la symétrie des attentions a été tenue. La satisfaction des clients est bien directement liée à la satisfaction des collaborateurs. Parfois, introduire l'Esprit de Service, requiert une forme de militantisme !

> **Le bonheur des salariés de Zappos**
>
> Ce site de vente de chaussures en ligne est régulièrement classé dans le top 100 des meilleures entreprises où il fait bon travailler. Pour son président et fondateur Tony Hsieh, la raison du succès tient dans son principe de management : « laissez les gens être eux-mêmes ». Cela signifie donner aux collaborateurs le pouvoir et le contrôle sur leur travail, leur demander d'utiliser leur imagination, de faire preuve de bon sens pour répondre à une situation.

La deuxième pratique est celle de la participation. *On ne dirige pas par décret* disait déjà Crozier[83]. La notion de « parties prenantes »[84] est la réponse moderne à ce constat. Les collaborateurs de terrain ne sont plus considérés comme des relais passifs. Au contraire, leur imagination, leur sens du concret et de l'observation, leur capacité d'adaptation sont un capital extraordinaire pour l'entreprise. Le promouvoir est

---

83. Michel Crozier, sociologue, célèbre notamment pour son analyse du phénomène bureaucratique.
84. Voir Stakeholder Theory : selon cette approche les dirigeants de l'entreprise doivent prendre en compte les préoccupations de toutes les parties prenantes, ce qui implique en ce qui concerne le personnel, entre autres choses, de le faire participer au fonctionnement de l'entreprise.

essentiel puisque l'Esprit de Service est écoute, souplesse, réactivité : la cohérence veut que toute latitude soit donc donnée aux collaborateurs pour s'approprier l'Esprit de Service.

Les engagements clients pris par La Poste ont ainsi été définis avec les clients, les associations de consommateurs et les postiers. Les « scripts » qui identifient les comportements sont élaborés par les agents eux-mêmes. Impliquer les collaborateurs suppose de la part des managers qu'ils admettent ne pas détenir le savoir, que celui-ci n'a rien à voir avec la position hiérarchique et que ceux qui sont en première ligne sur le terrain ont beaucoup à apprendre à ceux qui les dirigent.

Cette mise à contribution de l'intelligence collective a aussi investi le champ de l'innovation : par exemple, Bonnes Idées et Pratiques (BIP) est l'outil intranet permettant aux postiers du Courrier de contribuer au projet 2015 « Réinventons le Courrier » : 3 500 idées ont ainsi été déposées en 2010 et au total, pour l'ensemble du Groupe, grâce à l'innovation participative plus de 10 000 idées ont été recueillies en 2010. L'exercice a également été pratiqué à l'échelle du Groupe en 2012 pour coconstruire le préprojet de plan stratégique.

La troisième pratique contribuant à la mobilisation des collaborateurs est la reconnaissance. La critique est connue : « je sais rapidement quand mon travail ne donne pas satisfaction ; si je n'entends rien c'est que cela va ». L'habitude a été prise de ne pas dire à quelqu'un qu'il a fait du bon travail. Conséquence : dans un récent sondage[85], plus de 50 % des salariés ont des attentes non satisfaites en matière de reconnaissance de leur travail. On ne le répétera jamais assez : le rôle du manager coach est de remercier et féliciter chaque fois que possible, de mettre en avant les réussites et de prendre du temps pour récompenser son

---

85. Enquête réalisée en mai 2012 par *Les Échos* sur la mobilisation des salariés.

équipe. Il est aussi de confier des missions valorisantes à ses collaborateurs, de les nommer par exemple référents, afin de les mettre en valeur.

Le rôle du management est d'organiser la valorisation en lui conférant un caractère solennel : à La Poste, les « Trophées Qualiades », auxquels participent chaque année le directeur général et les membres du comité exécutif, sont ainsi l'occasion de reconnaître les postiers pour leurs actions dans les domaines de la qualité, de l'innovation de service et de l'Esprit de Service. La reconnaissance se déploie à travers plusieurs dimensions : la satisfaction du client mais pas seulement. L'innovation et l'engagement sont également mesurés.

> **L'innovation à La Poste**
>
> L'analyse des moments de vie constitue un domaine privilégié pour l'innovation de service. Ainsi, le déménagement n'est plus seulement pour La Poste la question du changement d'adresse, mais plutôt celle de l'accompagnement du client tout au long de son parcours, avec un ensemble de services intégrés qui vont lui faciliter cette expérience de vie.
> Autre exemple : la Box e-commerce. Grâce à l'association de tous les métiers du Groupe, La Poste propose la création d'un site personnalisé avec toutes les solutions de gestion de catalogue et de base clients, les facilités de commande et de paiement en ligne ainsi que le choix des modalités de livraison.

Dernier élément de la mobilisation : la communication. Communiquer, c'est expliciter les orientations, rendre compréhensible le sens[86].

---

86. Donner du sens, c'est expliquer l'ambition de devenir un grand groupe de services aux yeux des clients, pourquoi cela apparaît comme la seule voie possible.

C'est aussi donner les résultats des actions menées, mais également partager les succès[87] et les échecs des uns et des autres. Créer des liens en somme. Autant en interne qu'en externe. Échanger, présenter, raconter les chantiers de transformation de La Poste dans les différents lieux de service, avec les difficultés rencontrées, les choix réalisés, les résultats obtenus, permet de renvoyer ensuite en interne aux équipes opérationnelles la fierté ressentie. Bien plus : communiquer, c'est créer de la transparence et c'est peut-être cela l'essentiel. Car la transparence agit directement sur la confiance et l'on sait son rôle dans l'Esprit de Service. Mais la transparence permet aussi l'implication qui est un ingrédient fondamental dans l'Esprit de Service : grâce à elle, les équipes s'adaptent à la diversité des clients.
Le collaborateur peut se responsabiliser quand il a les éléments à la fois pour comprendre son environnement et pour prendre les décisions pertinentes dans son périmètre d'action : briefings et débriefings sont le lot du manager coach, s'il veut que ses collaborateurs aient une compréhension claire de ce qui est attendu d'eux.

Avant de clore ce chapitre, je voudrais insister sur deux points : les pratiques de mobilisation rappelées ici n'auront pas d'effet si les irritants rencontrés par les collaborateurs ne sont pas pris en charge et progressivement résolus. En outre, une remontée d'information client (par exemple dans les dispositifs de réclamation) qui n'est suivie d'aucun effet aboutit à décrédibiliser la démarche.

---

87. C'est souligner par exemple que la satisfaction des clients, leur sourire, c'est le succès des collaborateurs.

> **Assurez le bien-être de vos collaborateurs**
>
> Parce qu'un collaborateur épanoui est plus impliqué dans son travail :
> - cultivez le sentiment d'appartenance ;
> - développez la délégation, c'est-à-dire la confiance et la responsabilité ;
> - favorisez l'autonomie ;
> - rendez crédibles les règles édictées en n'y dérogeant pas pour vous ;
> - veillez à la valorisation de chacun ;
> - valorisez la coopération et la convivialité ;
> - construisez cette relation sans relâche.

Conclusion

Insuffler un Esprit de Service au sein des collaborateurs suppose le développement de compétences relationnelles dont l'acquisition passe par des apprentissages et non par des enseignements. Le succès de cette transformation des comportements repose sur l'articulation des formations des collaborateurs à l'Esprit de Service, celles des cadres à leur nouveau rôle d'accompagnement, et sur la mobilisation des uns et des autres. Mais principalement sur l'envie d'acquérir ces nouvelles compétences et donc d'en comprendre le sens et d'y voir clairement l'intérêt à agir. C'est en expliquant le sens, en affirmant des convictions portées au plus haut niveau, en montrant l'exemple, en présentant régulièrement les résultats obtenus sur les clients et l'image de l'entreprise, en accordant, enfin et surtout, aux collaborateurs une qualité d'attention égale à celle dont bénéficient les clients que le manager parvient à favoriser le développement des comportements et attitudes attendus.

Le management et le comité de direction doivent posséder une vision, être exemplaires et en cohérence avec eux-mêmes. Être en état de vérité. Il faut faire partager cet enthousiasme à tous les collaborateurs. Enthousiasme qui devient conviction et envie. Envie d'agir. Pour concrétiser cette démarche, le management s'exprime et propose des instruments de formation adaptés. Et le collaborateur comme le manager sont en cocomposition, cocréation. La mise en œuvre de l'Esprit de Service permet également de redéfinir les formations pour qu'elles correspondent aux attentes des équipes. Du sur-mesure pensé collectivement.

En 5 ans, on a pu voir évoluer à la hausse le niveau d'information et de maîtrise des collaborateurs au sein de La Poste. La question n'est plus pourquoi mais comment ? Comment incarner au quotidien cet Esprit de Service dans l'atteinte des objectifs fixés par l'entreprise ?

L'ajustement des formations, sollicité par le collaborateur, est directement lié aux besoins et aux objectifs de l'entreprise. C'est donc une coconstruction organisée et maîtrisée. Et ce souffle doit être revitalisé en permanence. Revitaliser c'est apporter régulièrement des énergies, réinsuffler de nouveaux défis, des capacités d'amélioration et d'évolution. Une dynamique perpétuelle. Non pas une dynamique contrainte, mais le reflet des attentes des collaborateurs. Une nécessité pour grandir.

Ma conviction

L'Esprit de Service ne peut se développer que si chacun se demande : « avoir l'Esprit de Service, qu'est-ce que cela veut dire concrètement pour moi dans mon quotidien ? ».

L'expérience de La Poste

Un référentiel de management de service a été élaboré sur la base de bonnes pratiques observées sur les territoires.

Il définit les nouveaux principes des actions managériales à La Poste en phase avec l'Esprit de Service.

> **Extrait du référentiel de management**
> La proximité et le développement des collaborateurs
>
> Distinct mais pas distant, exigeant mais à l'écoute, il est un manager accessible et respecté par ses qualités humaines et son professionnalisme. Ce faisant, il crée de la confiance et favorise le climat d'équipe et les résultats.
>
> Porté par le souci de favoriser le développement (ou l'évolution ?) de ses collaborateurs et de faire en sorte que chacun s'approprie la stratégie, son mode de management, d'équipe et individuel, repose sur l'écoute et le soutien, le questionnement plutôt que l'affirmation, l'animation et l'appui plutôt que la prescription et le contrôle.
>
> Le manager met tout en œuvre pour favoriser la circulation d'informations ascendante et descendante et s'assure en permanence de l'ouverture des hommes et de l'organisation à l'écoute des clients. Lui-même rencontre et écoute régulièrement des clients.

Chapitre 7

L'Esprit de Service et l'amélioration de la qualité du service

Focaliser l'organisation tout au long de la chaîne du service sur la satisfaction du client, impliquer les collaborateurs par le sens et la conviction, l'importance donnée à l'exemplarité des dirigeants et managers, j'ai déjà indiqué les liens qui unissaient qualité et Esprit de Service. L'Esprit de Service prend sa source dans la culture qualité. Celle-ci se définit comme la volonté d'améliorer ensemble, en écoutant toutes les parties prenantes, sur la base d'outils éprouvés et adaptés à chaque situation. L'Esprit de Service la porte à un niveau d'excellence par la cohésion et la permanence dans l'action qu'il forge entre tous les acteurs.

À la lecture des explications données jusqu'à présent, on se doute qu'on n'est pas en présence d'une simple amélioration des méthodes déjà déployées, en dépit de certaines similitudes : définition et communication de la politique, organisation de son déploiement à tous les niveaux, gestion de l'activité en processus, développement des compétences des équipes, management par les faits, suivi rigoureux des résultats, toutes pratiques connues, développées dans le cadre de démarches qualité. À y regarder de plus près, il s'agit bien d'une véritable innovation dont on ne mesure pas encore toutes les conséquences. Voici pourquoi.

7-1 Qualité et Esprit de Service

La norme ISO 9001 est un bon concentré de la doctrine qualité. Or quelle vision projette-t-elle du personnel ? Celle d'une ressource[88] au même titre que les infrastructures et l'environnement de travail. Autrement dit, un rouage dans le système qualité. Toute autre est la place des collaborateurs dans l'Esprit de Service puisqu'ils sont au cœur du dispositif. La qualité de leur rôle dans le système de performance va au-delà de leur niveau de compétences : elle repose sur leur capacité à établir et nourrir des relations avec les clients et entre collègues.

Allons donc plus loin dans la compréhension des deux approches. La qualité dans sa conception traditionnelle prend sa place uniquement dans la satisfaction du client. Ce point de vue est net dans la conception de l'EFQM[89]. Qui plus est dans ce modèle de construction de l'excellence, clients et personnel sont analysés dans des univers séparés : la logique d'évaluation du modèle vise à mesurer d'un côté l'impact des pratiques de management des processus, de l'autre l'efficacité de la gestion des ressources humaines[90]. Aucun lien entre les deux.

Dans l'Esprit de Service au contraire le lien est vital, les échanges entre l'entreprise, ses clients et ses collaborateurs cherchent à être gagnant-gagnant : car on considère qu'un collaborateur compétent et motivé va fournir un service excellent qui va rendre le client satisfait et par conséquent le fidéliser. Un collaborateur passionné, concerné,

---

[88]. L'exigence 6 de la norme est intitulée : management des ressources.
[89]. EFQM : méthode d'organisation de la progression de l'amélioration d'une entreprise. Dans le modèle EFQM, même dans sa dernière version, malgré un rééquilibrage, la pondération est de 15 % pour le critère 6 (résultat client) et 10 % pour le 7 (résultat personnel).
[90]. *L'autoévaluation des performances à travers le modèle EFQM*, Patrick Iribarne et Stéphane Verdoux, AFNOR.

impliqué induit un client reconnaissant, enthousiaste, fidèle ; telle est l'antienne[91].

Très clairement ce qui est premier, le facteur déclenchant de création de valeur, devient tout autant le collaborateur que le client. Au cours des dernières décennies, la recherche de la satisfaction des clients a été le moteur de la transformation des entreprises. Parce que l'évolution économique a donné une place accrue à la relation dans l'acte de vente, c'est l'engagement du collaborateur qui tire désormais toute l'entreprise. Là est la différence entre l'approche qualité et l'Esprit de Service, et cette distinction permet à l'entreprise de monter une nouvelle marche vers l'excellence.

L'exigence posée par la norme ISO 9001 concernant le personnel indique que « *l'organisme doit s'assurer que les membres de son personnel ont conscience de la pertinence et de l'importance de leurs activités et de la manière dont ils contribuent à la réalisation des objectifs qualité* ». Comparons avec l'Esprit de Service : un collaborateur engagé sait ce qu'il doit faire, se sent valorisé et encouragé à progresser, développe ses compétences, exprime son point de vue, est fier d'appartenir à son entreprise, s'estime considéré comme un acteur clé.

La différence est frappante : on n'est pas sur le même registre. La norme ISO 9001 est le produit d'une conception industrielle, mécaniste de la qualité. La satisfaction des clients y est définie comme la conformité aux spécifications et la non-qualité se note aux défauts, au non-respect du cahier des charges. Or on constate que cette définition de la satisfaction n'est plus adaptée. Plus exactement, elle empêche de bâtir une stratégie de conquête des clients. L'expérience

---

[91]. Pour Tony Hsieh, président de Zappos, « *Il est très difficile de fournir un bon service si les employés qui en ont la charge ne sont pas heureux ! Si vous rendez vos collaborateurs heureux, ils seront plus investis et l'entreprise y gagnera.* ».

montre qu'un client mécontent mais bien traité par le SAV sera plus fidèle qu'un client à qui rien n'est arrivé. La satisfaction émotionnelle prend le pas sur la satisfaction rationnelle. La satisfaction telle qu'elle a été envisagée et mesurée jusqu'à présent, certes reste nécessaire, mais elle est devenue limitative. Se donner pour objectif de satisfaire ses clients dans ce cadre-là, c'est réduire ses possibilités de performance économique.

> **L'Esprit de Service et la création de valeur**
>
> Le manque de confiance a un effet direct sur la performance[92]. Il engendre nombre de coûts cachés : accroissement des procédures, temps de contrôles, rétention d'informations, malentendus, conflits entre services, rivalités de personnes, schéma de pensée gagnant-perdant, ralentissement dans les prises de décision, manque de communication.
>
> La valeur générée par l'Esprit de Service est la conséquence, à l'inverse, de la création d'un contexte favorable aux initiatives, aux suggestions, à la créativité des collaborateurs, source d'innovation concurrentielle.
>
> Plus encore, il permet de créer de la valeur par la connaissance de l'attente précise des clients et la construction de relations de service personnalisées. Cette interface clients/collaborateurs favorise la réactivité et des réponses adaptées. La coconstruction qui en découle augmente la satisfaction du client et son attachement à la marque. Cette dernière, à son tour, tend à fidéliser le client dans une relation durable qui le conduit à se faire ambassadeur de l'entreprise auprès de clients potentiels. Fierté et sens pour le collaborateur.

---

92. *Le pouvoir de la confiance*, Stephen Covey, First édition, 2008.

L'enjeu est de passer de la satisfaction à la fidélisation puis à la recommandation. J'ai dit dans le deuxième chapitre de ce livre ma conviction que l'Esprit de Service devenait incontournable pour les entreprises. Des études[93] ont montré que les démarches de type Esprit de Service améliorent grandement les performances des entreprises. La raison avancée ? La confiance dans les équipes et, au-delà, une vision des équipes qui ne sont plus une ressource, voire une nécessité ajustable autant que possible, mais un actif, une richesse, bref l'atout compétitif.

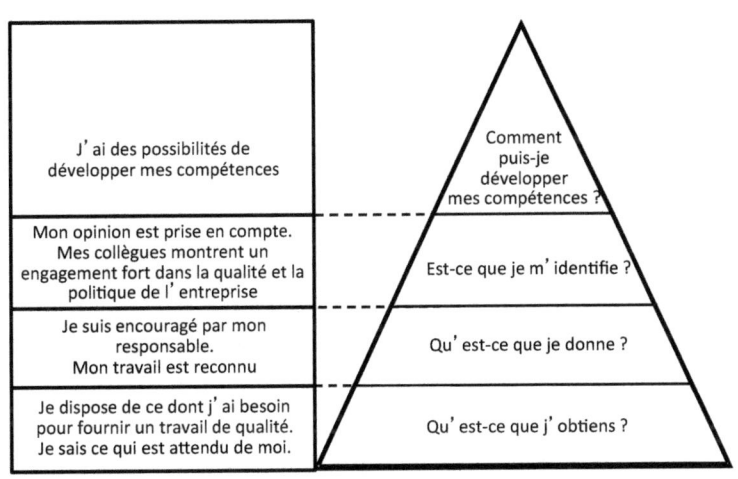

La pyramide de l'engagement et les pratiques qui la définissent à chaque strate

---

93. Les études de l'institut Gallup montrent que les entreprises qui ont adopté une approche Human Sigma ont une marge brute de 26 % et un taux de croissance de leurs ventes de 85 % supérieurs aux autres entreprises. Voir *Human Sigma: Managing the Employee-Customer Encounter*, by John H. Fleming, Ph.D., and Jim Asplund.

7-2 L'Esprit de Service : au-delà de la qualité normative

Regardons à nouveau la norme ISO 9001 : la maîtrise de la production est obtenue quand la variabilité est réduite au minimum. D'où le succès de l'approche Six Sigma. Cette maîtrise-là, qui résulte de processus standardisés, est à l'opposé des caractéristiques d'une relation d'échange qui suppose l'individualisation, l'adaptation aux circonstances, bref la variation. En ce sens, l'Esprit de Service complète et enrichit le travail sur les processus. Plus encore : la qualité est factuelle et ses outils visent à réduire l'influence[94] des émotions dans les analyses et les décisions. L'Esprit de Service redonne leur place aux émotions.

Dans la norme ISO 9001, la préparation du service[95] repose sur :

- la disponibilité des informations décrivant les caractéristiques du produit ;
- la disponibilité des instructions de travail nécessaires ;
- l'utilisation des équipements appropriés ;
- la disponibilité et l'utilisation d'équipements de surveillance et de mesure ;
- la mise en œuvre des activités de surveillance et de mesure ;
- la mise en œuvre d'activités de libération du produit, de livraison et de prestation de service après livraison des éléments matériels, physiques.

La maîtrise du service dans l'Esprit de Service valorise la gestion des points de contact entre collaborateurs et clients : celle-ci met en jeu des éléments relationnels d'ordre psychique. La maîtrise de la variabilité vise à réduire les gaspillages, augmenter l'efficacité des processus de réalisation du produit ou service. Celle de l'interface collaborateur-client

---

94. Voir Outils de management de la qualité.
95. Voir norme ISO 9001 : exigence 7.5.1.

consiste à capitaliser sur le moment de rencontre pour créer une relation émotionnellement forte afin d'en faire une expérience mémorable, c'est-à-dire mémorisable et mémorisée : elle cherche à capter la fidélité des clients et donc directement le chiffre d'affaires. Il n'y a pas opposition mais complémentarité. Ce qui est essentiel de comprendre ici, c'est que nous sommes dans une matière profondément humaine. Rien ne garantit évidemment la naissance de l'émotion mais c'est une possibilité de tendre vers ce résultat.

> **La prise en compte des niveaux d'attente du client[96]**
>
> **1er niveau d'attente :** le produit est conforme à la promesse : fiabilité, prix, performance, etc. Le taux de satisfaction doit être de 95 à 100 %.
>
> **2e niveau d'attente :** la possibilité de réaliser son achat, ce qui suppose disponibilité et accessibilité. Le taux de satisfaction « normal » est de plus de 90 %.
>
> **3e niveau d'attente :** l'assurance pour le client d'être reconnu et compris : carte de fidélité, caisses prioritaires, salon d'attente VIP...
>
> **4e niveau d'attente :** c'est la confiance que la marque cherche à créer par son positionnement et à travers son image. Un taux de satisfaction élevé nécessite que toute l'entreprise et que chacun de ses salariés s'adaptent au client.
>
> La norme ISO 9001 se limite au service de base.

Avant de poursuivre, relevons cette autre différence entre l'approche ISO et Esprit de Service. L'exigence normative de maîtrise des interfaces porte sur les relations entre les personnes, les services et les fournisseurs. Le périmètre de la norme s'arrête devant la porte du client.

---

96. Source : Philippe Plantier.

La prise en compte de l'environnement (norme ISO 14001), puis très récemment des enjeux sociétaux (norme ISO 26000) ont conduit l'entreprise à prendre en compte les parties prenantes.

L'Esprit de Service révèle et exacerbe un écosystème. Il favorise le développement d'une porosité entre l'externe et l'interne, qui est dans la continuité du décloisonnement opéré par la gestion par processus et en phase avec l'effet multiplicateur de mises en relation des nouvelles technologies. En cela, il est incontournable pour les entreprises. Les implications de cette nouvelle donne ne sont pas évidentes pour l'heure. Mais il en a été de même pour la qualité. Les précurseurs que furent les Deming, Ishikawa, Crosby, pour ne citer que ceux-là, seraient bien surpris de voir comment ont évolué leurs pensées.

La recherche de la maîtrise de la relation employé-client repose sur des pratiques nouvelles :
- La formation tout d'abord : il est demandé aux collaborateurs de savoir maîtriser les attitudes à adopter avec le client, personnaliser le contact pour créer un climat de confiance, questionner le client, argumenter efficacement, adopter le bon comportement dans une situation difficile, analyser un dysfonctionnement et penser solution plutôt que problème, expliquer en utilisant un discours positif et non technique. La liste est longue de ces nouvelles compétences à acquérir ou à développer !
- Le recrutement, ensuite, qui va s'orienter vers des personnes susceptibles d'écouter et de comprendre les clients[97], capables d'autonomie et d'initiatives pour adapter les règles internes aux circonstances et aux clients.
- Le suivi des collaborateurs, également, qui doit intégrer la satisfaction des clients dans les dispositifs d'évaluation.

---

97. Les Anglais n'hésitent pas à parler d'« amour » pour les clients.

Lean et Esprit de Service

La recherche d'optimisation pousse les organisations à recourir au lean management. La difficulté des démarches Lean ne tient pas tant à la maîtrise des outils utilisés qu'aux comportements nécessaires pour leur donner une pleine efficacité, mais aussi à leur application « industrielle ». Et en ce sens, l'Esprit de Service est un allié considérable. Lean et Esprit de Service ont des préoccupations similaires : fournir au client un produit au service à forte valeur, dans des conditions optimales de livraison, au meilleur coût. Les outils du Lean (value stream mapping, takt time[98] par exemple) aident à simplifier, régulariser et accélérer les processus et ce faisant d'améliorer la satisfaction des clients. L'identification des pièges à temps et autres gaspillages suppose une observation fine du terrain, autrement dit la collaboration de tous.

La philosophie Lean est fondée sur une certaine excellence des collaborateurs, liée au développement de leurs compétences, à leur capacité à travailler en groupe, à leur faculté d'innover, à leur implication.

Mais l'expérience des démarches Lean a montré que les outils Lean ont une faible efficacité s'ils ne s'appuient pas sur un changement de culture. Ce changement de culture est précisément construit par l'Esprit de Service. C'est l'apport de l'Esprit de Service au Lean. Le Lean présuppose une culture managériale que l'Esprit de Service forge. De même que le Lean complète les approches Six Sigma en simplifiant les processus, de même l'Esprit de Service permet à la démarche Lean de se déployer avec efficacité. Les managers ont un rôle de coach, expliquant le sens des actions, valorisant le travail fait et les réussites, créant les conditions de l'innovation, encourageant l'autonomie.

---

98. « Takt time » : vitesse idéale à laquelle on doit produire pour livrer ses clients.

- Le rôle des managers, on l'a vu, se transforme en « coach »[99] créateur d'enthousiasme. Il leur appartient de développer le potentiel émotionnel de leurs collaborateurs et de susciter des sentiments positifs au sein des équipes, conditions essentielles pour établir de bonnes relations avec les clients.

L'un des apports fondamentaux de la qualité est la dynamique de l'amélioration continue et de la mesure. Le défi réside dans la capacité à mesurer ce qu'apporte en plus l'Esprit de Service en matière de qualité.

7-3 La mesure de la qualité de service

La « mesure des émotions » est quelque chose en l'état de très difficile. Par des logiciels d'analyse sémantique sont révélées les émotions ressenties par le client. Pour analyser le contenu des réclamations reçues, en particulier pour comprendre les incidents critiques que rencontrent les clients. Ce sont des instruments d'amélioration. Mais leur usage reste très insuffisant. Au demeurant dans la logique de la qualité, l'efficacité est la conséquence de l'approche[100] : maîtriser l'approche, c'est maîtriser les résultats. La recherche de l'amélioration tend donc à se focaliser sur les manières de faire.

La distinction faite entre qualité attendue, voulue, réalisée et perçue reste un bon outil d'explication (voir schéma ci-contre).
Les engagements clients font le lien entre le service demandé et le service vendu proposé par l'entreprise. Rappelons que la concertation avec les clients est indispensable pour asseoir leur confiance et la pertinence des engagements.

---

99. Voir chapitre 4.
100. Le modèle de l'EFQM désigne les pratiques de management sous le terme d'« approche », c'est-à-dire de manière de faire, lesquelles vont induire des résultats.

Le cycle de la qualité et de la satisfaction du client
Le modèle CYQ de B. et D. Averous

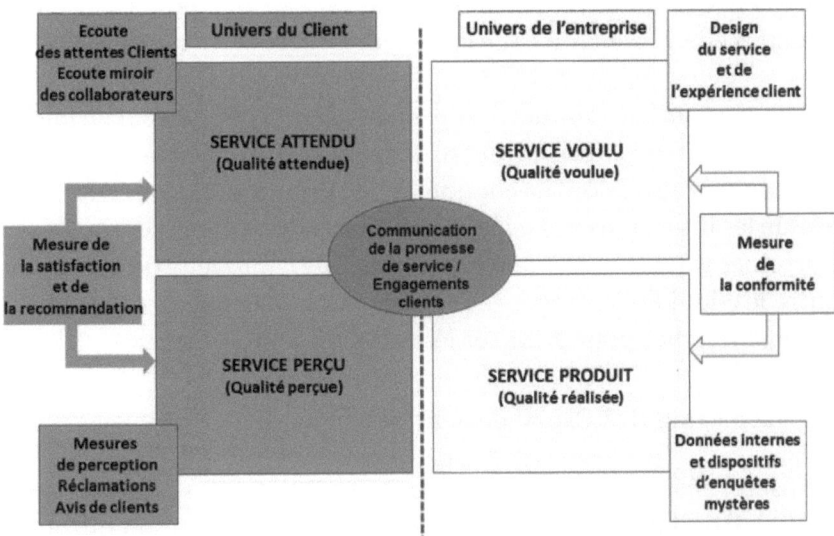

Les standards[101] sont la condition opérationnelle des engagements. Ils constituent le référentiel qualité en amont. Leur élaboration se fait en deux phases. Dans un premier temps, il s'agit de déterminer les moments clés du parcours client et d'y associer les attitudes requises pour faire de ce parcours une expérience mémorable réussie pour le client. La seconde phase consiste à « transformer » en « guide » ces attitudes, autrement dit de décrire « la façon de s'y prendre ».

---

101. Un standard se définit comme le service voulu par l'entreprise pour le client. Son énoncé est opérationnel mais doit rester simple et clair. Il se caractérise par la définition d'un service de référence, d'un niveau d'exigence, et d'un seuil d'inacceptabilité. Cf. chapitre 3.

Les mesures : la réalité de l'application des standards et de leur efficacité est vérifiée par des enquêtes mystères[102] ou par des audits de certification[103]. L'intérêt des enquêtes mystères tient à ce qu'elles sont des mises en situation qui permettent de vérifier la connaissance des attendus client, la manière de les respecter et l'émotion ressentie.

La satisfaction : des enquêtes auprès des clients permettent de mesurer le résultat de la mise en œuvre des standards par le niveau de satisfaction[104]. D'autres outils comme le Net Promoter Score (NPS), qui évalue les intentions des clients en termes de recommandation, ou le Customer Effort Score, qui mesure la facilité/simplicité de la relation entre le client et l'entreprise, apportent des enseignements particulièrement riches pour prioriser les actions opérationnelles.

7-4 La mesure de l'Esprit de Service

Le dispositif décrit ci-dessus est dans la droite ligne des pratiques de la qualité. Il doit être complété par son pendant en interne en raison du principe de symétrie. Rappelons que l'efficacité de l'Esprit de Service tient à la cohérence d'action créée par le principe de symétrie des attentions. Mesurer, chercher à améliorer uniquement le cycle client

---

102. En 2013, L'Enseigne La Poste effectue deux visites mystères (nommées « visites qualité ») par mois dans chacun des 2 000 plus importants bureaux, soit 40 000 mesures en tout sur une base annuelle. Les résultats de chaque bureau, ainsi que les consolidations par strates, sont rendus publics sur l'intranet.
103. Fin 2013, La Poste a obtenu la certification « engagement de service » dans 1 400 de ses bureaux de poste par AFNOR.
104. Seulement 50 % des clients se déclaraient très ou plutôt satisfaits vis-à-vis du temps d'attente en bureau de poste en 2007. 80% des clients se déclarent maintenant satisfaits du temps d'attente aujourd'hui et le NPS des bureaux de poste atteint dans le même temps un score de 27 (BVA 2013). Quant à la satisfaction globale au sortir du bureau de poste, atteint 95 %, dont 47% de très satisfaits ! (Ipsos 2013).

de la qualité, c'est limiter son potentiel de progrès. Mettre en regard la satisfaction client et la satisfaction collaborateurs. Sans faire du climat social, qui est clairement du « domaine RH ». Mesurer l'engagement pour la satisfaction client.

La mesure de l'Esprit de Service doit donc être menée en cohérence avec ce principe de symétrie des attentions appliquée sur toutes les dimensions de la relation de service.
Dès lors, le modèle de mesure va concerner l'ensemble de la chaîne de service. Il va être la modélisation de l'adage « les collaborateurs heureux font les clients heureux ». Mais le modèle va mesurer la construction et la traduction opérationnelle de l'engagement des collaborateurs pour produire la satisfaction, la fidélisation et l'engagement des clients... et par là même l'impact sur le résultat opérationnel.

Le modèle du « Service Profit Chain » de Heskett, Sasser et Schlesinger fournit un cadre à cette mesure.
Le développement de la satisfaction des salariés va renforcer leur fidélité, leur productivité et leur engagement, ce qui va améliorer la satisfaction et la fidélité des clients, leur engagement envers la marque et la performance financière de l'entreprise.
L'engagement est ainsi la mesure clé de l'Esprit de Service. En interne comme en externe, il est source de confiance, composante essentielle de toute relation. Il s'appuie sur des valeurs et sur l'écoute des attentes des différentes parties prenantes. Des valeurs à la valeur, la mesure de l'Esprit de Service prend en compte tous ces aspects.

En interne, la mesure va d'abord porter sur le *leadership* et la culture de service. Il s'agit là de l'engagement des managers auprès de leurs équipes. Il s'agit également de l'appropriation des valeurs de l'entreprise par ces dernières, essentielles pour leur engagement au service de l'entreprise et des clients. Car c'est sur la base de cette exemplarité du management que les équipes mettront en œuvre les attitudes clés de l'Esprit de Service, véritables marqueurs d'une envie d'être, vecteurs d'ouverture au changement et d'engagement personnel. Par la mesure de ces attitudes, l'Esprit de Service se distingue de la mesure du climat social. De la réduction de l'absentéisme à la multiplication et à la qualité des suggestions, en passant par la perception de la qualité des prestations internes et l'adoption de comportements d'ambassadeurs en externe, l'objectif est bien une mesure de l'orientation client et de l'engagement des équipes.

En externe, c'est la notion de valeur pour le client qui est à la base de l'engagement même des clients envers la marque. À la valeur d'usage, fondée sur la qualité de service, le client va ajouter la valeur symbolique, fondée sur la confiance – notamment au travers du respect des engagements pris envers lui – et la valeur émotionnelle, fondée sur la perception des attitudes clés et attentions mises en œuvre par les équipes.

La mesure des émotions entre ainsi dans le champ de l'Esprit de Service. L'objectif recherché est bien la préférence de marque. La recommandation en est l'un des indicateurs majeurs. Celle-ci doit être envisagée dans ses formes modernes : au travers des avis de consommateurs et des ratios d'engagement dans la conversation avec la marque sur les réseaux sociaux.

Appliqué à maintes reprises par les champions de l'expérience client, ce modèle a donné lieu à une équation célèbre chez SEARS : 5 % de plus sur l'engagement collaborateurs y générait 1,3 % de plus en « impression client » et, enfin, 0,5 % de CA additionnel.

Pour autant, la construction du dispositif de mesure et des questionnaires est particulièrement ardue. La mesure doit être centrée sur la culture et l'Esprit de Service. Depuis 2012, des réflexions sont menées en France pour élaborer ce type de mesure, que ce soit en entreprise (c'est notre cas au sein du Groupe La Poste) ou dans les cabinets spécialisés dans l'accompagnement des projets de service (cf. l'élaboration du baromètre Cultures Services par le laboratoire scientifique de l'Académie du service auquel nous participons).

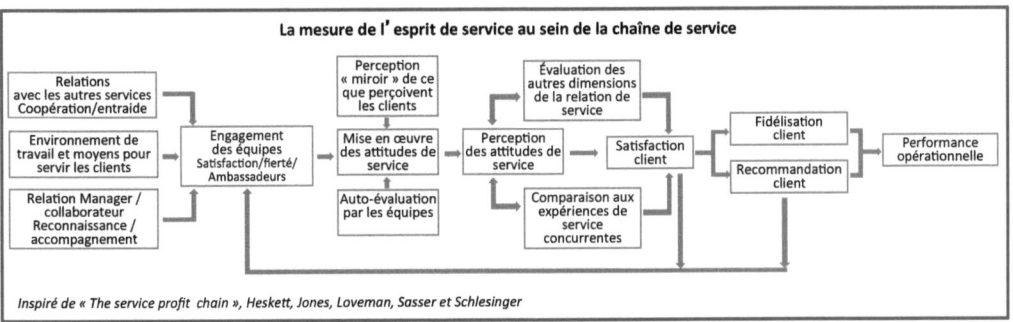

Inspiré de « The service profit chain », Heskett, Jones, Loveman, Sasser et Schlesinger

- La mesure peut être complétée par des autodiagnostics ou des groupes d'évaluation des pratiques professionnelles. Le but est de vérifier la mise en œuvre et la pertinence des standards.

- Précisons que sur la partie interne, les enquêtes portent bien sûr sur les éléments de la satisfaction des collaborateurs au travail mais, plus encore, elles doivent permettre d'évaluer la performance des inducteurs de la mobilisation et de la coopération interservice... et par là même l'engagement des équipes dans la satisfaction des clients[105].

Une précision est à apporter. J'ai souvent dit que la force de l'Esprit de Service résidait dans la capacité des collaborateurs à adopter les comportements adaptés à chaque client. Comment évaluer ces instants par

---

105. Par exemple le Q12 de l'institut Gallup.

nature fugaces, non traçables ? En confiant cela au « manager coach ». Sa proximité lui permet d'observer les comportements de ses collaborateurs, leur adéquation avec les situations rencontrées, voire sonder les clients eux-mêmes pour vérifier leur perception de l'attitude des collaborateurs. Il peut ensuite faire progresser son équipe à travers des « sessions caméra » qui aident à la prise de conscience des attitudes réellement adoptées en situation. Des grilles de suivi de leurs attitudes, lors des moments clés du parcours clients, peuvent servir au manager à suivre la progression de ses collaborateurs[106].

Cette remarque conduit à souligner la difficulté de concilier une approche globale et locale. L'entreprise a besoin de définir des règles. Cela veut dire que le cadre et les standards seront interprétés et adaptés pour chaque client, mais en adéquation avec la feuille de route de l'entreprise. Parce qu'il y a un code, on peut ajuster le comportement à adopter pour répondre aux besoins spécifiques du client mais en lien avec la démarche souhaitée avec le management.

Il y a donc un niveau au-dessous duquel l'entreprise doit accepter que « légiférer » est contre-productif. C'est une contrainte de l'Esprit de Service, mais également sa force : définir les marges d'autonomie des collaborateurs. Un niveau d'évaluation doit rester local, celui du contact entre le collaborateur et le client. D'où le rôle pivot dévolu aux managers d'équipe.

7-5 La réclamation

Les entreprises ont appris à accepter les réclamations et même à en tirer des améliorations pour leur fonctionnement. Il leur faut appren-

---

[106]. AXA met à la disposition de ses managers un outil d'animation et de mesure des attitudes dit « DAFomètre ».

dre à transformer cette situation conflictuelle en une expérience positive de reconquête du client pour préserver son capital de confiance. Par exemple, une réponse immédiate donnée au client par un « geste commercial » procure une vraie satisfaction, efface en quelque sorte la déception et, qui plus est, coûte souvent moins cher à l'entreprise que l'enclenchement de la procédure de réclamation[107].

L'Esprit de Service vise d'abord à identifier les demandes d'attitudes des clients (considération, écoute, accessibilité, réactivité) et à en déduire les comportements, gestes et paroles qui leur correspondent tout au long du processus de traitement de la réclamation.

Par exemple :

Attitude	Déclinaison de l'attitude		
Considération	Comportements	Mots	À éviter
Respect, sourire, amabilité Se lever pour accueillir le client, lui serrer la main.	Faire en sorte que le client s'asseye et s'installe, lui proposer si possible une boisson. Exemple de comportement qui peut démontrer la prise en considération du client.	« Bonjour Monsieur X, que puis-je pour vous ? » « Je vais vous recevoir immédiatement »	Rester debout, discuter de l'insatisfaction du client en présence d'autres clients.

---

107. Chez Décathlon, si une hôtesse estime que des clients ont attendu trop longtemps avant de pouvoir régler leurs achats, elle peut, de sa propre initiative, décider de les dédommager pour l'attente excessive qu'ils ont endurée.

Il consiste ensuite à construire un dispositif de prise en charge en phase avec les attentes des clients :
- pouvoir déposer une réclamation de façon simple ;
- suivre l'état du traitement de leur réclamation ; suivre sur tous les types de supports qu'ils utilisent, y compris le smartphone ou la tablette ;
- ne pas souffrir de la complexité de l'entreprise ;
- ne pas avoir à se justifier ou à démontrer sa bonne foi.

À La Poste, pour mieux comprendre les attentes de nos clients, lors de réclamations, nous avons créé le service consommateurs, accessible à la fois par Internet, par courrier et par téléphone. Les données qu'il collecte font de lui un fournisseur de référence pour l'amélioration continue. Elles aident à comprendre et anticiper au mieux les comportements des clients, à générer de l'innovation en identifiant les signaux faibles de demandes de nouveaux services. En 2007, 36 % des clients ayant déposé une réclamation se déclaraient insatisfaits de la rapidité et de l'efficacité avec laquelle La Poste traitait leur dossier.

Le service consommateurs multicanal de La Poste

Informer sur les produits, services et tarifs, faciliter le dépôt des réclamations et permettre d'activer les engagements clients du Courrier (remise en distribution des lettres recommandées le lendemain, remise en service le lendemain de la réexpédition, distribution du courrier le lendemain en cas d'absence du facteur).

Sur Internet

Accessible dès la page d'accueil de www.laposte.fr, le service reçoit plus de 122 000 visiteurs uniques par mois.

Un accès dédié aux personnes sourdes et malentendantes a été mis en place depuis 2012. Il offre la possibilité d'un dialogue en langue française des signes via webcam. Ce service est la mise en oeuvre d'une idée déposée par un téléconseiller lui-même muet.

Par courrier
Une seule adresse « SERVICE CONSOMMATEURS 99999 LA POSTE »: environ 21000 dossiers par mois.
Un formulaire de réclamation a été élaboré avec les associations de consommateurs, des agents et des groupes de clients.

Par téléphone
Le trafic mensuel dépasse les 840 000 appels par mois, soit plus de 10,5 millions d'appels par an, (75 % de demandes d'information, 20 % de réclamations et 5 % de demandes d'activation des engagements clients Courrier).
Le taux de décroché global moyen est supérieur à 95 %. Le temps d'attente moyen avant mise en relation est conforme aux exigences de la norme EN 15838 Centre de Relation Client.
Après avoir été expérimenté en 2012 sur deux départements (92 et 34), l'accueil des clients sur le 3631 par un SVI en dialogue naturel est progressivement généralisé.
Le temps de navigation sur le serveur vocal (là où on s'entend dire « tapez 1, tapez 2,... ») est ainsi réduit par trois et le taux d'abandons en cours de navigation est divisé par deux. En cours d'expérimentation, alors même que ce système n'est pas complètement optimisé, l'amélioration de la rapidité d'accès au téléconseiller a augmenté la satisfaction client de 10 points.

Sur les réseaux sociaux
Par Twitter : trois comptes Twitter sont accessibles, dont un permet le suivi automatisé des courriers et des colis.
Par Facebook : une application « Questions/Réponses » permet d'échanger avec les téléconseillers du service consommateurs.

La certification NF Service du service consommateurs
Le service consommateurs a obtenu la certification NF Service « Centre de Relation Client » en 2011 pour ses plateaux du domaine Courrier et en 2012 pour ses plateaux du domaine Enseigne.

Méthodologie d'évaluation de la qualité des réponses faites par le service consommateurs

Un cabinet extérieur analyse chaque trimestre un échantillon de 380 réponses aux réclamations et évalue la qualité de la réponse sur 10 critères rédactionnels.

La relation personnelle avec le client est établie

1.0.1 Le client a reçu un AR sous 48 heures (source : ARC).
1.0.2 La réponse est envoyée sous 15 jours (source : ARC).
1.1 La réponse est datée.
1.2 Le « Chère Madame, Cher Monsieur… » est employé (ou le titre est respecté).
1.3 La première personne du singulier (je) est utilisée.
1.4 Le signataire est identifié (nom, fonction, 3631 ou autre).

Le client est écouté et compris

2.1 Les motifs de réclamation du client et les questions posées sont reformulés dans un paragraphe indépendant.
2.2 La bonne foi du client est respectée.

Le client reçoit des marques d'empathie

3.1 Le ton est empathique.
3.2 Si des excuses sont nécessaires, elles sont présentées (ou inversement).

Le client reçoit une réponse complète et appropriée

4.1 Tous les motifs d'insatisfaction et les questions posées obtiennent une réponse.
4.2 Les mots utilisés sont à la portée du client (pas de jargon, pas d'acronyme).

7-6 Le rôle clé de l'Esprit de Service dans l'amélioration

La qualité a formulé la méthode d'amélioration : c'est le PDCA.
Les démarches Six Sigma et Lean l'ont affinée en précisant certaines étapes : c'est le DMAIC[108] qui met l'accent sur la mesure et l'analyse. Qualité, Six Sigma et Lean reconnaissent que leurs outils n'ont de réelle efficacité que si la culture de l'amélioration est présente dans l'entreprise : droit à l'erreur, c'est-à-dire climat de confiance, habitude de l'observation, du travail en équipe, encouragement à la responsabilisation et à l'initiative. Mais comment créer cette culture ?

L'Esprit de Service va au-delà des pratiques préconisées par ces trois démarches pour faciliter l'efficacité de leurs outils. Il repose sur la cohérence et la construction commune d'une culture. C'est bien ensemble, avec toutes les compétences et tous les niveaux de responsabilité, que les collaborateurs cherchent à obtenir l'excellence.

Conclusion

L'amélioration est consubstantielle à la qualité et l'Esprit de Service fait évidemment sien ce principe. L'approche de la qualité a mis l'accent sur la conformité et l'uniformité, c'est-à-dire l'absence de variabilité. Ce qui reste pertinent quand on se réfère à un produit devient inadapté quand le service est pris en compte. Alors la variabilité est nécessaire car elle est la rencontre authentique entre le collaborateur et le client. La régularité dans les attitudes affirmées par l'entreprise et attendues par le client ne signifie pas similitude dans la relation.

D'où le double niveau de mesure de la satisfaction : au niveau global de l'entreprise, la constance de la similitude. Au niveau local, la pertinence

---

108. DMAIC : D (define) M (measure) A (analyse) I (improve) C(control).

de la diversité. Mais, dès lors, les améliorations seront, elles aussi, d'une double nature : elles sont d'un côté structurelles, pensées par les responsables ; de l'autre, ce sont, des attentions, innombrables, produites en tout lieu, à tout moment par les équipes, imperceptibles mais ce sont elles qui crédibilisent tout l'édifice d'engagements.

✐ Ma conviction

L'Esprit de Service introduit des améliorations qui, parce qu'elles sont le fait des collaborateurs sur le terrain, sont souvent trop fines pour être rapidement mesurables par les états-majors. C'est pourtant elles qui créent l'enchantement des clients. Nous devons apprendre à les capitaliser et à valoriser leur initiateur.

L'expérience de La Poste

Le pilotage au plus haut niveau :

L'intégration dans les instances de gouvernance
- Un suivi mensuel dans le tableau de bord du Président et en comité exécutif du Groupe.
- Un suivi par le comité qualité et développement durable du conseil d'administration du Groupe.
- Une présentation régulière en réunion plénière devant les associations de consommateurs.

Une collecte d'informations fiables :
- en temps réel (engagements clients, courrier, réclamations...).
- sur la base d'échantillons représentatifs massifs (qualité de service à la distribution, visites qualité, enquêtes de satisfaction), réalisés par des instituts de sondage reconnus.

Un contrôle des mesures régulier :
- Validation des mesures sur les engagements clients par les commissaires aux comptes, dans le cadre de la publication du rapport annuel de développement responsable.
- Audit annuel des dispositifs de mesure des engagements clients et de traitement des réclamations par la direction de l'audit de Groupe.
- Audit des dispositifs de mesure dans le cadre de la certification ISO 9001 des services clients et des processus.

Satisfaction globale des clients à l'égard de la visite en bureau de poste
(Mesure effectuée en sortie de bureau de poste)

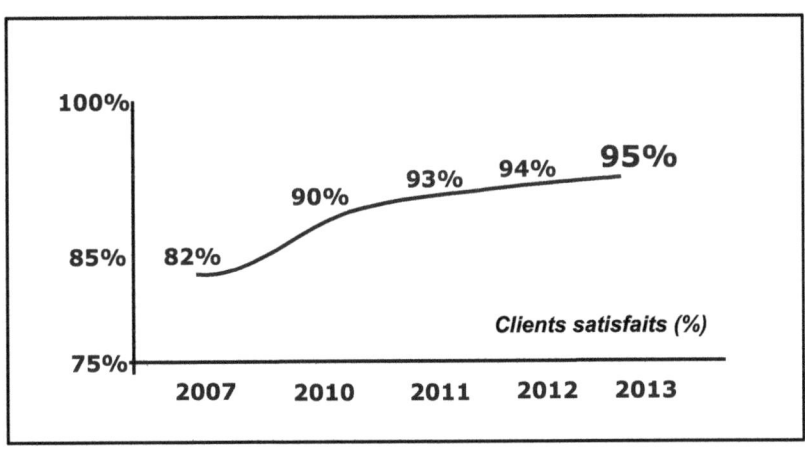

Chapitre 8

La mise en œuvre de l'Esprit de Service

Tout au long de ce livre ont été présentées les modalités de mise en œuvre de l'Esprit de Service, et j'ai souvent été amené à citer les actions menées au sein de La Poste. Certes, l'expérience de La Poste est particulière, compte tenu de sa taille, de son histoire, de son rôle dans la société, mais les principes de la démarche et les difficultés auxquelles elle est confrontée me semblent identiques pour toute entreprise. Il m'a paru utile, avant de conclure cet ouvrage sur l'Esprit de Service, de les rappeler ici.

8-1 Les principes à respecter

Commençons par les prérequis :

- Produit et service sont désormais imbriqués et toute entreprise doit avoir identifié le service qu'elle rend en plus du produit qu'elle vend, d'une part *« parce qu'il n'y a plus de produit sans service et, d'autre part, celui qui ne sert personne doit prendre conscience qu'il ne sert à rien »*[109].

---

[109]. Article « L'esprit de service peut-il sauver l'économie française ? », *Les Échos* de Jean-Jacques Gressier, président-directeur général de l'Académie du service.

- L'entreprise doit concevoir et voir son activité à travers les yeux de ses clients. L'orientation client de son organisation doit avoir été clairement établie : les démarches qualité sont une manière solide d'y parvenir.

- Le fonctionnement de l'entreprise doit avoir intégré les nouvelles technologies[110] pour accroître la « surface » de contact et personnaliser ses offres (transversalité et réactivité). C'est la situation de bon nombre d'entreprises, à des degrés variables.

Ce socle établi, la démarche Esprit de Service peut prendre corps. Au-delà des modalités de construction des pratiques constitutives de l'Esprit de Service, je voudrais insister sur trois aspects primordiaux tirés de mon expérience :

- **L'Esprit de Service ne se décrète pas.** Certes, il faut un engagement fort de la direction qui le place au cœur de la stratégie de l'entreprise. Elle doit démontrer un haut niveau d'engagement éthique et d'exemplarité. Mais au-delà, il doit être présent dans tous les projets, imprégner toutes les formations, colorer l'activité quotidienne, inspirer les décisions. À tous les niveaux, chacun doit se dire : « avoir l'Esprit de Service, qu'est-ce que cela veut dire pour moi, dans mon quotidien ? » Et cette interrogation concerne les clients et, dans le même temps, les collègues des autres services : « Est-ce que je connais bien leurs besoins ? Est-ce que je m'interroge sur leur satisfaction ? Est-ce que je la mesure régulièrement ? » L'Esprit de Service est une construction managériale (la symétrie des attentions), mais il s'agit surtout d'une maturation culturelle, une démarche qui s'inscrit dans la durée, dont on découvrira progressivement les facettes, les implications, les difficultés, mais aussi la richesse.

---

110. Voir *Processus et entreprise* 2.0, Yves Caseau, Dunod, 2011.

En quoi suis-je gagnant ? Il traduit une implication et un engagement qui ne peuvent être le résultat de la pression managériale ou de la crainte d'être mal noté, voire de perdre son emploi. Il ne peut être qu'acceptation consciente et volontaire parce qu'il donne sens. À l'inverse, il ne peut être artificiel chez le manager. Il implique une authenticité de part et d'autre, sans nier la réalité.

- **L'Esprit de Service n'est pas réservé à certains.** L'Esprit de Service n'est pas réservé aux seules équipes en contact avec les clients. Dans l'entreprise, tout le monde est concerné. C'est la chaîne du service. Les agents en *back office*, aussi bien que les managers et les dirigeants.

- **L'Esprit de Service ne s'administre pas.** La progression de la démarche est bien sûr suivie, mesurée. Mais elle ne saurait être réduite à un pilotage de projets, équipé d'indicateurs de performance. Ce serait en faire un succédané d'une démarche qualité, ce qu'elle n'est pas. Son impact se constate à la cohérence et aux synergies introduites dans l'entreprise.

Il y a des moments clés pour la direction générale pour montrer son engagement en faveur de l'Esprit de Service : le plan stratégique, la feuille de route annuelle, les vœux, les rencontres avec la communauté managériale.

8-2 Les défis de la mise en œuvre

De ces trois aspects, nous pouvons tirer trois conséquences qui sont trois défis majeurs :

- **La gestion de la durée :** il faut donner du temps au temps mais la transformation opérée par l'Esprit de Service ne produisant pas des résultats immédiats, la communication interne et le management doivent pouvoir maintenir l'engagement en expliquant ce décalage pour éviter tout découragement des équipes.

L'autre difficulté tient à la multiplicité des projets lancés dans les entreprises. Il est à craindre que, passée la phase de lancement et de l'engouement initial, la démarche soit reléguée à une place secondaire. C'est pourquoi même si ses modalités de mise en œuvre s'apparentent aux démarches de type qualité et utilisent les outils de gestion de projets, l'Esprit de Service doit avoir le statut d'élément fondateur de l'entreprise, son socle au même titre que son métier. Il est son ADN. Il faut donc le révéler.

- **Le rôle des directions de ressources humaines** : l'Esprit de Service, parce qu'il s'incarne dans les comportements, doit être porté par les directions de ressources humaines et être articulé avec les différents aspects des politiques RH : recrutement de collaborateurs sur la base de leur Esprit de Service, formations des collaborateurs aux attitudes de service, compréhension par la ligne managériale de l'importance d'un climat de **confiance** et de **coopération** interne dans le développement de la qualité de service. Mais aussi évolution de la culture de *leadership,* d'une relation d'autorité à des comportements exemplaires qui encouragent les attitudes de service des collaborateurs, dans un cadre de confiance et de respect mutuel, recrutement et promotion des managers en fonction de leurs attitudes de service et de leur capacité à développer la qualité de service au client.

- **Le rôle des managers** : un des risques est que se développe chez les managers de proximité le sentiment que l'enjeu de qualité du service rendu au client est en opposition avec le bien-être des collaborateurs. Dans ce type de situation, la perception émergente se réduit souvent à un choix caricatural entre « faire plus pour satisfaire le client » ou « faire moins pour préserver le bien-être des collaborateurs ». Outre la formation des managers à leur nouveau rôle, les tableaux de bord qualité doivent intégrer des données qualitatives, issues de baromètres sociaux, et concernant le niveau de satisfaction professionnelle, la qualité de la coopération interne, ou la perception de l'enjeu de service au client. Accompagner, suivre ces indicateurs, fixer des objectifs de progression et y associer des méthodes et des actions comme pour les autres indicateurs de qualité, est un moyen concret d'associer qualité de service et bien-être au travail. C'est aussi un moyen de faire du niveau de confiance interne un levier au service de la qualité.

L'évolution du rôle du DRH

Traditionnellement, il est chargé du recrutement, de la gestion des carrières et du développement des compétences. Il veille au climat social, à la santé au travail. Gestionnaire du capital humain, il est un apporteur de solutions aux besoins des autres directions.

Dans le cadre de l'Esprit de Service, son rôle doit évoluer. Il lui appartient de créer l'équipe capable de jouer les nouvelles règles des relations avec les clients, entre les managers et les collaborateurs, et entre les services. De directeur des ressources, il devient directeur des relations. Plus encore, il devient le coach des managers coachs, celui qui donne le sens, aide à ce que les collaborateurs s'approprient l'Esprit de Service. Il est un acteur clé de la marque employeur, de l'état d'esprit qui règne dans l'entreprise, de la transformation dans l'entreprise.

Je terminerai cette partie sur la mise en œuvre de l'Esprit de Service par deux conseils tirés de mon expérience :

- prendre rapidement en compte les irritants opérationnels rencontrés par les collaborateurs, qui peuvent sinon rapidement entraîner une démotivation ou une baisse de l'exigence[111] ;

---

111. Voir chapitre 4.

- redonner des marges de manœuvre aux équipes, parier sur leurs capacités d'initiative, donner des preuves de confiance.

L'enjeu de l'Esprit de Service est en effet la confiance, celle du client et celle aussi du collaborateur, parce que les deux sont intrinsèquement liées[112]. Cette confiance du collaborateur est acquise par l'écoute et le respect qui se manifestent par la prise en considération de sa personne, des détails qui lui importent, de la marge de manœuvre donnée[113].

Conclusion

Comme toute transformation, la construction de l'Esprit de Service requiert un pilotage attentif. D'abord, être patient et se donner du temps. Comme le dit le dicton : « On ne fait pas pousser un arbre en tirant sur les feuilles » ! Ensuite, se préparer, accompagner le bouleversement des habitudes. Et enfin, à toutes les étapes, donner la possibilité à ceux qui sont concernés d'apporter leurs points de vue et d'exprimer leurs attentes, d'en tenir compte autant que possible, ce qui implique de communiquer en permanence sur les intentions et les résultats, de donner des preuves du bien-fondé de l'action entreprise, de l'intérêt partagé à agir, des résultats obtenus.

✎ Ma conviction

L'Esprit de Service répond à une demande d'humanisation – en fait de personnalisation, de relation et d'attention – au sein de la société, des

---

112. L'écoute de l'entreprise ne peut être limitée à celle du client. C'est aussi l'écoute des collaborateurs, de leurs questions, leurs doutes, leurs suggestions. Cette écoute est une richesse pour l'entreprise parce que les collaborateurs sont au contact de la réalité des clients et des fonctionnements quotidiens.
113. Stephen Covey, *Le pouvoir de la confiance*, éditions First, 2008.

organisations, et au besoin de considération exprimé par les individus dans leur travail[114], et plus généralement dans leurs rapports aux autres. Il fait écho à la valorisation des valeurs de politesse, de respect, de civilité. Il est humanisme.

---

114. « *Il est urgent de retrouver le courant des relations humaines à l'intérieur d'une économie sinistrée par le taylorisme et le toyotisme* » Roland Gori ; interview parue dans *La Tribune* du 30 avril 2011.

Chapitre 9

L'Esprit de Service à La Poste

Depuis plusieurs années, La Poste s'est lancée dans une évolution profonde de ses modes de fonctionnement en s'appuyant sur son histoire. Selon le mot fort de son ancien président, Jean-Paul Bailly, il s'agit de « *faire La Poste de demain avec les postiers d'aujourd'hui* ». La notion de service public, qui la constitue et qui est liée au capital confiance[115] dont elle jouit auprès de la population, est la marque de son identité, de sa légitimité. Maintenir et renforcer la confiance tout en s'adaptant aux évolutions de l'environnement, aux attentes des clients, devenir « un service public contemporain », telle a été et demeure la politique de La Poste. Tout au long de ce livre, mes propos ont été illustrés avec des exemples tirés de mon expérience à La Poste. Pour le conclure, je voudrais préciser le rôle joué par l'Esprit de Service dans ce changement, son articulation avec les multiples chantiers qui l'ont créé.

L'objectif, clairement énoncé, est de faire de La Poste un grand groupe européen de services et, pour cela, de réinventer la traditionnelle notion de service public : passer d'une vision d'un même service, médiocre en général, pour tous, à un service de qualité adapté à chacun[116]. L'essentiel est dit : chaque client est priorité d'action, la boussole de l'entreprise, puisque c'est par son choix quotidien qu'il décide du dévelop-

---

[115]. 89 % des Français font confiance à La Poste. La Poste est citée spontanément comme la première entreprise en laquelle les Français ont le plus confiance (*ex aequo* avec EDF – Top Com Sofres 2009).
[116]. Interview du président Jean-Paul Bailly dans l'ouvrage *Servir ou disparaître*, p. 145.

pement de l'entreprise. Et que seule une entreprise en bonne santé peut porter les missions de service public et le modèle social auquel les postiers sont attachés.

Le plan stratégique Performance et Confiance 2008-2012 en a été la traduction. Il place la relation client au cœur du projet de service de La Poste : « *être un groupe leader européen de services de proximité multimétiers, multicanal dans la logistique légère, le courrier, le colis et l'express et les services bancaires et financiers, fondés sur l'excellence de la relation de service et la confiance* »[117].

Au cœur de cette stratégie, le plan « Ambition de service » définit les orientations qualité structurées autour de 4 idées fortes pour accompagner la transformation de service :
- l'engagement sur la qualité de service pour maintenir et renforcer la confiance des clients ;
- la simplification de la relation de service avec La Poste pour faciliter la vie des clients ;
- l'Esprit de Service au cœur de toutes les dimensions de la relation de service (collaborateurs/clients, managers/collaborateurs, intermétiers) pour réussir cette « transformation service » ;
- le pilotage au plus haut niveau, et tout au long de la chaîne managériale, notamment par un tableau de bord intégrant la dimension « service », régulièrement analysé.

Le premier axe de travail a donné lieu, dès 2009, à 5 engagements clients leviers clés de la confiance et de la crédibilité de l'orientation service. Preuve de la vitalité de la démarche, ces engagements ont été complétés en 2011 par des chartes spécifiques d'engagements du Courrier à l'égard de ses clientèles et des engagements locaux des bureaux

---

117. Idem.

de poste certifiés, puis en 2013 par de nouveaux engagements du Courrier. Et, toujours, des engagements au cœur des attentes des clients car codéfinis avec eux. La mise en œuvre et le pilotage des engagements nationaux au niveau local a eu pour effet de favoriser l'appropriation et donc la responsabilisation des équipes sur le terrain, mais aussi l'adaptation des engagements aux clients.

Le deuxième axe a consisté à simplifier la vie au client (sans complexifier celle du postier !) en créant le service consommateurs multimétiers et multicanal du Groupe. Avec un point d'entrée unique pour les clients particuliers : un canal téléphonique non surtaxé, qui permet l'accès à tous les services du Groupe et le dépôt des réclamations, un accès Internet au service consommateurs, accessible en un clic sur www.laposte.fr, et une adresse postale unique 99999 pour le dépôt des réclamations. Les accès via Twitter et Facebook ont été successivement ouverts à partir de 2010. Depuis 2012, une équipe de téléconseillers du service consommateurs est mobilisée aux côtés du *community manager* du Groupe pour répondre aux demandes des internautes sur les réseaux sociaux.

La Poste en quelques chiffres (2013)
- Parmi les 25 premiers groupes français par le chiffre d'affaires.
- 266 000 collaborateurs dans le Groupe.
- 17 000 points de contact.
- 1,7 million de clients par jour dans les bureaux de poste.
- 54 millions de contacts téléphoniques.
- 13 milliards de plis adressés, traités par 80 000 facteurs.
- Plus d'un milliard de colis par an.
- 11 millions de clients actifs gérés par La Banque Postale.
- 4 missions de service public précisées par la loi.

> **Les cinq engagements clients pris en 2009 par le Groupe La Poste**
> - Adresser annuellement aux clients une information sur ses services. En 2010, un imprimé a été diffusé à cet effet dans les vingt-six millions de boîtes aux lettres du pays pour présenter les engagements clients du Groupe et les services les plus innovants.
> - Donner accès à l'information sur les conditions de distribution du courrier par un appel au 3631 et assurer la distribution du courrier dès le lendemain, en cas d'absence du facteur.
> - Assurer une seconde présentation gratuite des courriers recommandés sur simple demande du destinataire au 3631.
> - Améliorer le traitement des réclamations : remettre un accusé de réception dans les 48 heures après dépôt avec engagement de délai de réponse.
> - Réduire le temps d'attente dans les 1 000 plus importants bureaux de poste à 9 minutes, fin 2009, puis à 8 minutes, fin 2010, et à moins de 5 minutes pour les opérations rapides de dépôt/retrait de courrier ou colis.

Le troisième axe est l'engagement des postiers à porter l'Esprit de Service. Concept qui pouvait sembler théorique au début de la démarche et qui pouvait en conséquence rapidement être refusé par le corps opérationnel de l'entreprise. On voit bien qu'il n'est pas arrivé « par hasard » au sein du Groupe La Poste. Sa nécessité est progressivement devenue une évidence pour assurer la pérennité[118] du changement entrepris. Il correspond à une véritable construction, consolidant, à l'instar d'une clef de voûte, les modifications profondes apportées aux organisations et aux processus. Grâce à l'Esprit de Service, il a été possible de renforcer et d'unifier la démarche de changement fondée sur

---

118. L'Esprit de Service est la cale du PDCA.

la coconstruction impliquant l'ensemble des parties prenantes, notamment et surtout les acteurs opérationnels et les clients. Au cours de la mise en place de ces différents projets énumérés plus haut, il est apparu qu'il manquait un maillon, un ingrédient capable de faire le lien entre eux, d'unir dans une même problématique l'ensemble des collaborateurs de La Poste, de connecter les différents métiers, de faire en sorte que le Groupe inspire toujours et en tout lieu la confiance. C'est le rôle de l'Esprit de Service.

Enfin, le suivi des résultats obtenus par le déploiement du projet a nécessité de faire évoluer les indicateurs des tableaux de bord et de compléter le traditionnel suivi de la qualité réalisée (le célèbre J+1 du courrier) par des indicateurs de qualité perçue, de recommandation, d'effort. Efforts aussi de conviction auprès d'une autre citadelle de l'entreprise, la direction financière !

Les résultats obtenus par La Poste en 2013

- *Rapidité du service : 2,51 minutes et 85 % de clients servis en moins de 5 minutes pour le dépôt ou le retrait de lettres recommandées ou de colis.*

- *Satisfaction à l'égard de la visite en bureau : 95 % de clients satisfaits, dont 47 % de très satisfaits en sortie de bureau.*

- *Courrier : 87,4 % en J+ et 92,78 % pour la lettre verte.*

- *Coliposte : 93 % en 48 heures.*

Les résultats sont là. Les engagements clients pris par La Poste, seul opérateur postal majeur à s'être engagé publiquement, sont tenus. L'amélioration de la rapidité de service en bureau est historique.

Cette réussite visible par le client, largement reconnue, qui fait la fierté des postiers, est un encouragement à continuer, car elle montre la pertinence de la méthode mise en place, que nous synthétiserons en 3 points :

1. Une mobilisation du management et de tous les postiers sur les engagements, qui constitue le socle de la relation de confiance avec les clients, formalisée en particulier par des indicateurs intégrés dans les feuilles de route et pris en compte dans l'intéressement des équipes. Cette mobilisation, qui tire sa force de l'implication de l'ensemble de la chaîne des acteurs, a été obtenue par le souci constant de partager avec tous les collaborateurs l'intelligence et la fécondité de la démarche.

Par exemple, à travers la démarche « Bienvenue à La Poste », les postiers ont été sensibilisés à l'écoute de leurs clients et l'identification de solutions locales adaptées à leur contexte. La confrontation avec le regard des clients, lors des tables rondes guichetiers-clients, avec celui des autres chefs d'établissement, lors des réunions régionales, a permis, par la neutralité des propos qu'elle entraîne, des prises de conscience et une réelle compréhension des enjeux de la relation client par les équipes. Le principe de coconstruction a été élargi aux clients et à leurs représentants, associés notamment à la définition des engagements. De façon générale, l'écoute des clients et des postiers a été au cœur de la démarche de transformation de La Poste à travers des ateliers d'écoute ou d'innovation participative.

2. Un important dispositif d'accompagnement qui structure, canalise et rythme les efforts de tous. Il est constitué d'abord par un ambitieux programme de développement des compétences touchant tous les collaborateurs, combinant des formations en *e-learning* et des sessions présentielles, portant sur la gestion des insatisfactions clients, la reconnaissance au travail. Il s'appuie par ailleurs sur une solide « boîte à outils » (standards de service,

mesures, démarches certifiantes type ISO 9001, certification de service, EFQM, Investors in People, concernant là encore l'ensemble des structures, chacune utilisant la démarche la mieux adaptée, formations, communication). Une filière légère d'experts en territoire vient prêter main-forte aux opérationnels pour la bonne utilisation des outils.

3. Un suivi intégré dans les instances de gouvernance au plus haut niveau qui assure l'implication du haut management et rend crédibles aux yeux des collaborateurs l'ambition affichée et la détermination à la réaliser. L'intégration du service au client dans le plan stratégique 2008-2012, et sa validation par le comité exécutif, a donné une impulsion majeure à la démarche et à la mobilisation du management intermédiaire dans les différents métiers du Groupe. La démonstration de la volonté d'exemplarité des dirigeants de La Poste s'est également manifestée dans la démarche Investors in People pour le siège du Groupe. L'avancée régulière des actions et leur efficacité au travers de mesures perçues pour accompagner et non pour sanctionner ont contribué à faire accepter les changements.

Les reconnaissances attribuées à La Poste en lien avec la démarche Esprit de Service :

- Élue « Service client de l'année 2010 ».
- Certifiée NF Service « centre de relation client » en 2011 puis 2012.
- Palme d'argent du Meilleur directeur de la relation client de l'année 2011.
- Podium de la relation client en 2012 et en 2014 : 1er prix (secteur entreprises de service).

Ce vaste programme de modernisation lancé en 2008 se poursuit. La période 2008-2011 a permis de bâtir le socle et les murs de l'ambition de service. Mais les années qui viennent sont cruciales pour que le

Groupe La Poste soit véritablement perçu comme un grand groupe de services de proximité dans le quotidien des Français.

L'objectif, à l'horizon du plan stratégique, est donc de viser l'excellence dans ses trois dimensions : opérationnelle, relationnelle et managériale[119].

Ce qui va impliquer, notamment, de :

- poursuivre la politique de prise d'engagements perçus comme clés par les clients ;

- poursuivre l'effort de simplification des relations de l'entreprise avec les clients et donc son fonctionnement interne ;

- poursuivre la suppression des principaux irritants internes et externes ;

- faire évoluer les dispositifs de « prise de pouls » de nos clients, de mesurer leur satisfaction en les associant de plus en plus ; de mettre ces résultats en tension avec la mesure de l'Esprit de Service en interne ;

- accentuer le développement de l'innovation services et produits par un fin mélange numérique et conseil ;

- amplifier la personnalisation de la relation (enjeu sur le volume considérable de données traitées par La Poste et son rôle de tiers de confiance) ;

---

119. L'Esprit de Service pousse à la « simplification » (excellence opérationnelle, cf. chapitre 7), à la personnalisation (excellence relationnelle, cf. chapitre 3), à la « reconnaissance » (excellence managériale, cf. chapitre 4).

- intensifier l'écoute, la considération et la reconnaissance des agents (qualité de vie au travail) ;

- renforcer la cohésion du Groupe par les process collaboratifs et innovants.

Toutes ces actions passent par un dénominateur commun : l'analyse des moments de vie des clients, de leur vécu, de leur perception, de la façon dont ils ont été accompagnés par La Poste.

L'approche « client global » implique par définition une approche transverse et multimétiers, de nature à renforcer l'image d'unité de la marque La Poste, le sentiment d'appartenance au Groupe des postiers et un renforcement de son avantage concurrentiel (synergies et couverture des besoins).

Dès lors, la politique qualité du Groupe se construit autour des notions fondamentales ci-après :

- **Interactivité** : les démarches classiques d'écoute du client que représentent les études ne suffisent plus. Le dialogue avec les clients doit être permanent : la conversation a succédé à l'écoute. Les dispositifs mis en place (des tables rondes aux plateformes numériques) dans ce cadre visent à stimuler et valoriser la participation des clients à une coconstruction généralisée de la relation de service (offre, modes de délivrance voire même organisation interne).

- **Accessibilité** : il s'agit ici d'offrir au client le choix de la solution de mise en relation pour accéder aux services du Groupe la plus adaptée en fonction de son besoin et d'identifier les combinaisons – solution de mise en relation, besoin, contexte, *device* – les plus performantes en termes de satisfaction client et d'optimisation des ressources.

- **Fluidité** : le client doit pouvoir passer d'un canal à un autre sans coupure dans la relation et sans avoir à répéter les étapes antérieures. La logique des interfaces et de l'orientation intermétiers en général se situe au cœur des enjeux de la fluidité. L'approche des standards de service bout en bout constitue ici un des éléments de réponse du pilotage des parcours clients multicanal.

- **Service attentionné** (et sa condition : le management attentionné) : la mise en œuvre d'attitudes de service au sein de la relation constitue l'un des leviers de différenciation durable du Groupe La Poste. Dans le prolongement du déploiement des attitudes clés, l'autorisation de marges de manœuvre aux équipes locales, la décentralisation et le renforcement de la responsabilisation du management opérationnel sont des composantes essentielles du développement du service attentionné.

- **Intimité** : la démarche d'« intimité client » poursuit l'approfondissement et l'exploitation partagée de la connaissance client afin de renforcer la personnalisation de la relation. Elle permet de développer l'innovation de la relation par le design de service. Elle s'appuie sur la mise en place de dispositifs de partage et d'analyse de l'information client, connectés aux outils de gestion des interactions clients.

La définition de nouveaux engagements clients sur les moments de vie va pouvoir s'appuyer sur deux démarches déjà initialisées au sein du Groupe et à généraliser :

- le design de service, dont les méthodes et outils ont été pris en main par les équipes en charge de l'innovation dans les métiers ;

- la formalisation des parcours clients multicanal développée par les équipes qualité du Groupe et des métiers.

Conclusion

L'évolution progressive vers une culture du service a participé à la fois de la modernisation et du retour aux valeurs fondatrices de La Poste, aux racines de l'organisation.

Tout d'abord, elle a contribué à retrouver l'essence constitutive du « rendre service », à développer la fierté d'appartenance au Groupe et la confiance dans l'avenir.

De nombreux postiers ont trouvé dans le sourire des clients une réelle reconnaissance de leur travail. Cette reconnaissance a été un facteur de motivation et d'adhésion essentiel dans la mise en œuvre de l'Esprit de Service, dont l'enjeu est d'apporter un service de qualité et de proximité à tous les clients.

Pour les métiers les plus exposés à la concurrence (Coliposte ou La Banque Postale) ou à la baisse des flux par l'évolution des usages (Courrier), le développement de la qualité de service a rapidement été perçu par le management comme un axe stratégique indispensable pour assurer la pérennité de l'activité.

Enfin, grâce à cette transformation, ont été remis au cœur des discours de l'entreprise les actes quotidiens de l'accueil et du service du client, en faisant, par exemple, du bureau de poste un des points de focalisation service face-à-face de l'ensemble de l'organisation.
En outre, cette évolution a été possible, parce qu'elle s'est faite en accord avec la vocation de La Poste :

- Le déploiement de l'Esprit de Service est totalement ancré dans les valeurs fondatrices de La Poste. Son métier est en effet centré sur la relation : délivrer du courrier et de l'argent, gérer des flux, rendre service, malgré la distance géographique ou sociale.

- Le projet « Ambition de service » a remis la relation au client au cœur du métier, en renouvelant la vocation de service public du Groupe.

On pourrait donc affirmer qu'à travers cette évolution, La Poste s'est « rapprochée de sa vocation », ou qu'elle a évolué pour justement être fidèle à ses valeurs.

Malgré un contexte économique difficile, le dialogue social est resté positif avec les organisations syndicales.

Le déploiement de l'Esprit de Service a contribué à la qualité de vie au travail, notamment à travers la baisse des incivilités dans les bureaux de poste, la rénovation des lieux de travail, le focus managérial sur le sens en montrant les liens entre la satisfaction des clients et la satisfaction des collaborateurs et l'importance donnée aux attitudes de service en interne.

Le « Contrat Employeur » de La Poste, actuellement revisité, a également aidé à expliciter les attentes et engagements du Groupe envers ses salariés, dans un contexte de changements importants.

Comme dans toute organisation, le changement entraîne inquiétudes et malaises. Encore plus, lorsque les salariés tissent une relation d'une vie avec leur entreprise. Ils attendent d'être reconnus, rassurés, accompagnés, d'avoir un intérêt à agir.

Une démarche de transformation n'est jamais terminée puisque l'adaptation est quotidienne. Elle doit néanmoins respecter des fondamentaux, notamment se donner le temps nécessaire. La perte des repères et l'absence de vision (« mais où va-t-on ? ») sont particulièrement déstabilisantes pour un corps social, comme pour un individu.

La mise en mouvement débute par la mise en sens. Le portage crédible par l'incarnation au plus haut et l'accompagnement au plus près des managers opérationnels.

Le Groupe La Poste doit innover profondément pour se réinventer dans un contexte de baisse du chiffre d'affaires courrier lié à l'évolution irréversible des usages. Mais sans perdre son âme et sa spécificité.

En s'appuyant notamment sur le potentiel d'innovation de toutes ses activités, seules ou « mixées » : Courrier, Colis, La Banque Postale, téléphonique mobile. Ainsi pour répondre aux nouveaux usages liés à la dématérialisation et aux services, aux besoins de confiance numérique, le Groupe offre des solutions de coffre-fort électronique intelligent, d'archivage électronique et de management de la chaîne de valeur du document dans la relation client, de signature électronique et d'identité numérique. Avec ses solutions Colis et le choix des modalités de livraison par les destinataires et de *track and trace*, le Groupe La Poste se présente comme un acteur incontournable du développement rapide du e/m-commerce. Avec la complémentarité de son réseau physique modernisé et mobile sur l'ensemble du territoire, notamment avec ses facteurs équipés de smartphones, le Groupe La Poste offre un réseau de distribution de services unique en France.

Dès lors, ces multiples chantiers se traduisent en termes de perception par toutes les parties prenantes sous forme *d'objectifs de résultat à atteindre* à la fin du nouveau plan stratégique :

- nos clients (entreprises et particuliers) diront de La Poste : c'est proche, accessible, simple, fiable, les postiers ont l'Esprit de Service, c'est une entreprise de confiance qui me facilite la vie, j'en recommande les produits et services ;

- les postiers seront fiers d'avoir réussi la transformation de service du Groupe et les défis associés ;

- les autres parties prenantes (actionnaires, territoires et élus, citoyens, prestataires) reconnaîtront le dynamisme, l'utilité, l'attractivité et la performance globale du Groupe.

Annexes

Annexe I : Mes convictions

Conviction 1
La vie, c'est l'adaptation permanente aux situations.
La vie est mouvement, variations, énergie et fluidité.
La vie est relation.

Conviction 2
L'économie, par la fluidité et la réactivité attendues, devient service.
Les nouvelles technologies accompagnent l'évolution des besoins et des usages.
Nous entrons dans l'ère du « co » (coconstruction, collaboration, coopération). Aucun système ne peut y échapper.
Cette tendance lourde de l'économie amène les entreprises à modifier le modèle de management qui a conduit la croissance industrielle du siècle dernier.

Conviction 3
L'Esprit de Service est une nécessité aujourd'hui pour toutes les organisations, quelles qu'elles soient, de la même manière que la qualité était devenue incontournable pour asseoir leur performance (standardisation). Il met l'accent sur la relation aux autres, à toutes les parties prenantes de l'écosystème. Il s'inscrit pleinement dans l'impératif de responsabilité sociétale et répond à l'aspiration de chacun à la personnalisation et à la considération.

Conviction 4
L'Esprit de Service se définit à partir des caractéristiques de la relation que l'entreprise veut établir avec ses clients. Il en est à la fois le soubassement, le miroir et le gage. Il est ce qui fait la différence, au-delà de l'optimisation des organisations et des processus. Il est différenciant.

Conviction 5
L'Esprit de Service établit une relation de confiance. La confiance des collaborateurs en leurs managers renforce celle des clients. C'est la symétrie des attentions. Elle repose sur l'exemplarité des managers.

Conviction 6
Les différents canaux de la relation ne sont pas concurrents mais complémentaires. Quel que soit le canal d'entrée du client, tout au long de son parcours, il doit être satisfait à chaque interaction avec l'entreprise et trouver le même niveau de qualité. Chacun dès lors devient acteur de la chaîne de service.

Conviction 7
L'Esprit de Service ne peut se développer que si chacun se demande : « avoir l'Esprit de Service, qu'est-ce que cela veut dire pour moi dans mon quotidien ? ». Il est concret et mesurable.

Conviction 8
L'Esprit de Service introduit des améliorations qui, parce qu'elles sont le fait des collaborateurs sur le terrain, sont souvent trop fines pour être rapidement mesurables par les états-majors. Ce sont pourtant elles qui créent l'enchantement des clients. Nous devons apprendre à les capitaliser et à valoriser leur initiateur.

Conviction 9
L'Esprit de Service répond à une demande d'humanisation des sociétés, des progrès technologiques et au besoin de considération exprimé par les individus dans leur travail et plus généralement dans leurs rapports aux autres. Il fait écho à la valorisation des valeurs de politesse et de civilité. Il est tourné vers la personne. Il est un humanisme.

Conviction 10
L'Esprit de Service est un enjeu de niveau direction générale et implique

l'ensemble de l'entreprise. Il est acte quotidien. Le client perçoit immédiatement la faille, la dissonance et le fait largement savoir. Il est authenticité.

Annexe II : Proposition de définition de l'Esprit de Service

Dans un contexte où la relation devient le levier majeur de différenciation, l'Esprit de Service constitue un modèle de management de la relation de service dans toutes ses dimensions – avec le client, entre managers et collaborateurs, entre services – fondé sur la symétrie des attentions, l'écoute des parties prenantes et la coconstruction.

L'Esprit de Service développe une approche globale de l'expérience clients et collaborateurs, améliorée en continu par l'innovation et le design de service, pour répondre aux usages et fonctionnalités attendues dans le cadre général des moments de vie et des parcours clients.

Il repose sur un pilotage intégré de la chaîne de valeur du service, mesurant les mêmes dimensions dans les relations internes et externes (simplification, personnalisation, considération, satisfaction, recommandation, fidélisation, engagement,...) et leur impact sur la performance.

L'Esprit de Service s'appuie sur la traduction opérationnelle des valeurs de l'entreprise dans un ensemble d'attitudes, de compétences et de comportements clés.

Levier privilégié d'alignement stratégique et de développement de la confiance et de la coopération entre toutes les parties prenantes, l'Esprit de Service permet de construire durablement une relation client différenciante, fondée sur le *leadership*, le professionnalisme et l'engagement des équipes.

Annexes

Annexe III : Les standards de service en bureau de poste

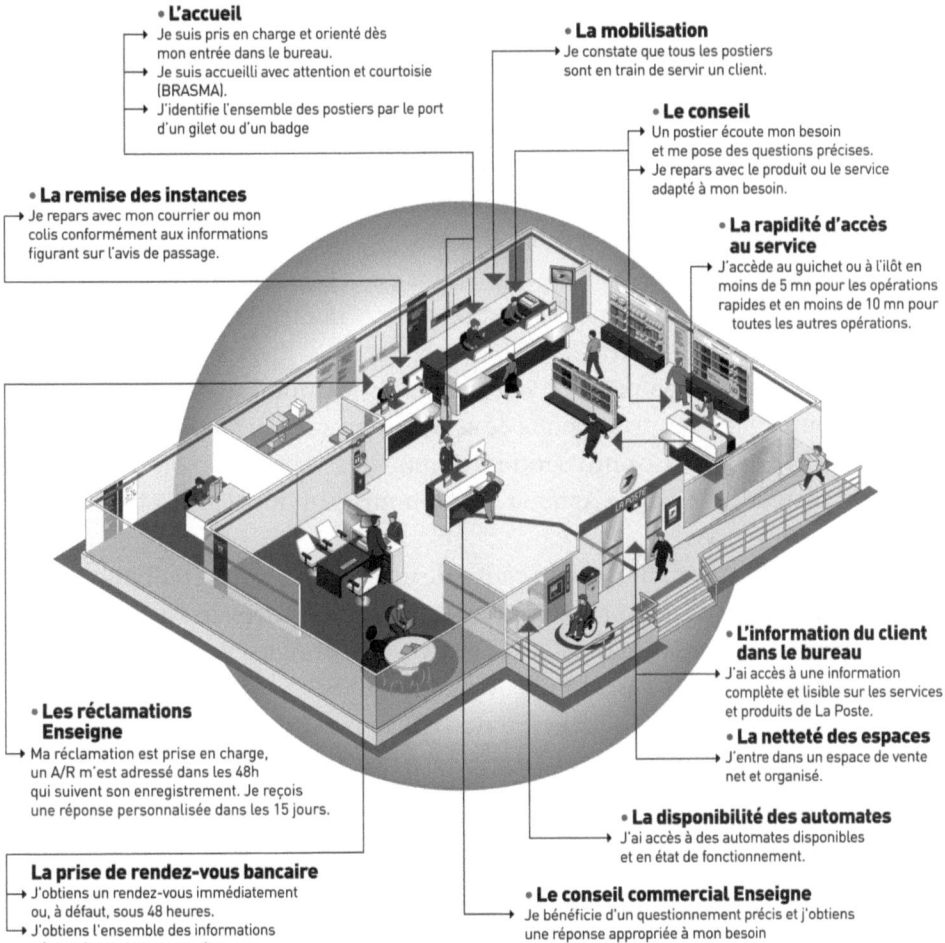

- **L'accueil**
  - Je suis pris en charge et orienté dès mon entrée dans le bureau.
  - Je suis accueilli avec attention et courtoisie (BRASMA).
  - J'identifie l'ensemble des postiers par le port d'un gilet ou d'un badge

- **La remise des instances**
  - Je repars avec mon courrier ou mon colis conformément aux informations figurant sur l'avis de passage.

- **Les réclamations Enseigne**
  - Ma réclamation est prise en charge, un A/R m'est adressé dans les 48h qui suivent son enregistrement. Je reçois une réponse personnalisée dans les 15 jours.

- **La prise de rendez-vous bancaire**
  - J'obtiens un rendez-vous immédiatement ou, à défaut, sous 48 heures.
  - J'obtiens l'ensemble des informations nécessaires pour mon rendez-vous.

- **La mobilisation**
  - Je constate que tous les postiers sont en train de servir un client.

- **Le conseil**
  - Un postier écoute mon besoin et me pose des questions précises.
  - Je repars avec le produit ou le service adapté à mon besoin.

- **La rapidité d'accès au service**
  - J'accède au guichet ou à l'îlot en moins de 5 mn pour les opérations rapides et en moins de 10 mn pour toutes les autres opérations.

- **L'information du client dans le bureau**
  - J'ai accès à une information complète et lisible sur les services et produits de La Poste.

- **La netteté des espaces**
  - J'entre dans un espace de vente net et organisé.

- **La disponibilité des automates**
  - J'ai accès à des automates disponibles et en état de fonctionnement.

- **Le conseil commercial Enseigne**
  - Je bénéficie d'un questionnement précis et j'obtiens une réponse appropriée à mon besoin

Les standards de service au cœur de la modernisation
de la relation client en bureau de poste

Annexe IV : Le Groupe La Poste en pointe pour promouvoir l'Esprit de Service

La Poste a une politique volontariste de partenariats dans les domaines de la qualité, de la relation client, du management et de l'innovation, qui se traduit par sa participation :
- dans les instances dirigeantes des principaux organismes et associations concernés : présidence du comité stratégique « management et services » de l'AFNOR, présidence d'Innov'Acteurs, vice-présidence de l'association France Qualité Performance, vice-présidence de l'Association française de la relation client (AFRC), membre du bureau de l'Association pour le management de la réclamation client (AMARC), etc. ;
- dans les principaux *think/act tank* dans le domaine des services : Groupement des professions de services (au sein du Medef), Institut Esprit Service, Commission nationale des services (installée par Monsieur le Ministre Arnaud Montebourg le 4 juin 2013), etc.

Le Groupe intervient dans le cadre de colloques ou en direct auprès d'institutions, d'entreprises et d'écoles : CNAF, Mairie de Paris, Cour des comptes, SNCF, ADP, ERDF, Orange, Crédit Agricole, Leroy Merlin, quelques PME, l'Académie du service, ESSEC-ISIS, ESC Rennes, Grenoble École de management, IEP Paris, Reims Management School, etc. (Nous avons d'ailleurs élaboré un document pour la centrale des cas avec le professeur Éric Stevens).

Le Groupe conduit une importante action de communication externe :
- sur les blogs spécialisés dans la relation client ;
- dans les publications (articles de revues spécialisées, chapitres d'ouvrages sur le service et la relation client, note stratégique de l'Institut Choiseul, etc.) ;
- par l'organisation d'événements : Prix du livre qualité et performance, conventions, ateliers, fête des services, etc.

Annexe V : La roue de l'excellence de service

La roue de l'excellence du service est issue des toutes premières réflexions début 2013 de la commission de normalisation Afnor participant aux travaux européens sur l'excellence de service (cf annexe VI).

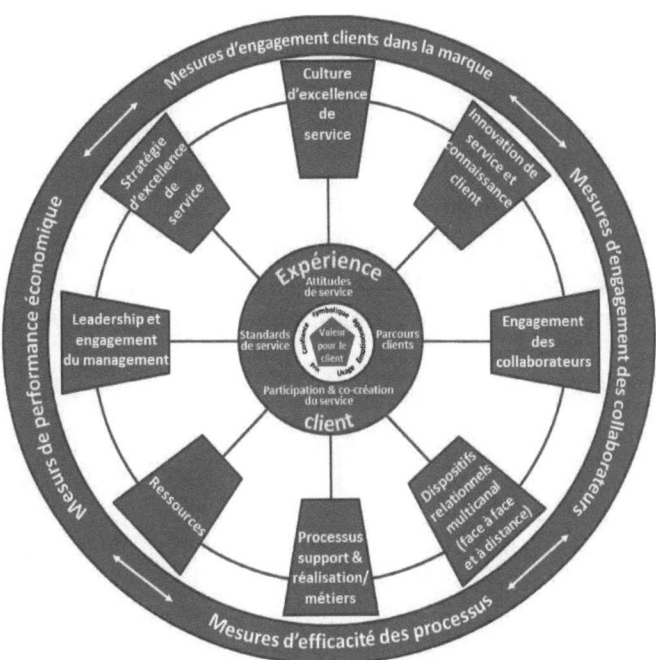

A une approche linéaire partant de l'engagement de la direction et débouchant – à l'instar d'un processus industriel séquentiel – sur la satisfaction du client, les membres de la commission de normalisation Afnor sur l'excellence de service ont préféré une modélisation innovante et plus en phase avec les approches actuelles de du service fondées sur les principes de co-création, d'entreprise ouverte, de pilotage « outside in » des processus, de design de service et de management de l'expérience client.

Dans ce modèle, l'ensemble des composantes sont en interaction autour de, et avec, l'expérience client qui se définit elle-même par la valeur co-créée avec et pour le client.

Cette modélisation a constitué une contribution majeure de la commission française au tout début des travaux européens.

Ont contribué à cette approche innovante : Fabrice André (Orange), Vincent Barat (Akoya consulting), Bernard Demany (Orange), Sandra Di Giovanni (Afnor certification), Herve Fauve (Total), Michel Gallipeau (Club Iris), Philippe Leroy, Vincent Bertsch, Christian Mayeur (Entrepart), Laure Mignard (CSP), Marie-Corinne Millet (Macif), Anne-Catherine Pelet (AGMS), Guillaume Peter (SFR), Cécile Maloux (Air France) et – pour Afnor normalisation – Fatma Bensalem ainsi que – pour l'animation de la commission – Raphaël Colas (Groupe La Poste).

Annexe VI : L'Esprit de Service, fondement du projet de norme européenne sur l'excellence du service.
Point sur les travaux du groupe de travail AFNOR
(par Raphaël Colas).

Les stratégies de service qui visent la préférence de marque sont toutes fondées sur le principe de l'enchantement des clients. La satisfaction des clients est un prérequis qui ne suffit plus aujourd'hui pour faire la différence. Dans un contexte très concurrentiel, il s'agit de susciter l'enthousiasme des clients, de provoquer le « WOW » et la recommandation.

L'enjeu principal est alors de s'inscrire dans une relation d'enchantement durable, dans laquelle l'ensemble de l'entreprise est engagé.

Pour cela, le Comité européen de normalisation a lancé fin 2012 des travaux pour rédiger un projet de norme, s'appuyant sur la norme allemande sur « l'Enchantement du client par l'excellence du service » publiée en juillet 2011. Un comité technique européen a été mis en place, regroupant 10 pays européens dont la France, et présidé par l'Allemagne (le président étant le professeur Matthias Goultier, rédacteur de la norme allemande précitée).

Dans ce cadre, un groupe de travail français, réunissant une quinzaine d'entreprises et intégré au Comité Stratégique « Management et Services » de l'AFNOR, a élaboré et présenté les 7 et 8 mars 2013 au niveau européen un texte et un modèle déterminants pour les travaux à mener d'ici début 2015.

Ainsi, le projet de norme a été recentré sur les composantes clés d'un système de management orienté sur la coconstruction de l'expérience client (l'intitulé retenu le 7 mars est « création d'expérience client réussie »), l'enchantement du client en étant une résultante.

Sous l'impulsion de la délégation française, le comité technique européen a retenu « la symétrie des attentions » - qu'il a fait évoluer après approfondissement en « équilibre des attentions » - et a ouvert un débat autour de l'intégration du principe du « Co » (cocréation, coconstruction, coopération, ...) au titre des principes du futur texte. On y trouve également le principe d'un management de l'organisation intégrant en interne le client à toutes les étapes. L'amélioration continue, revisitée, devient le management de l'amélioration, de la formation et de l'innovation continue. Le texte pose la « technologie comme levier de développement permanent de l'excellence ». Enfin, deux convictions traversent le système de management : « la recherche de l'enchantement des clients » et le fait que « le personnel fait la différence ».

Au niveau des composantes du système, la proposition française a marqué les travaux à venir. Le modèle se présente sous une forme innovante, non pas linéaire mais circulaire et faite de composantes interconnectées. L'expérience client est au centre, dont le noyau est constitué par l'enchantement du client qui constitue la finalité du modèle. Le système décrit des composantes sur lesquelles l'organisme peut engager une démarche à court terme – tactique – ou à plus long terme – de transformation de service.

La culture de service apparaît comme la composante principale pour réussir la transformation de service et l'enchantement du client. Le modèle renvoie ainsi à l'Esprit de Service qui, au travers des attitudes de service, fait le lien entre les valeurs et leur traduction opérationnelle au coeur de l'expérience client. La culture de service va également se traduire par l'engagement du management dans le « servant leadership » et la mise en place d'une démarche d'excellence de service et de coopération interne pour développer et valoriser l'engagement du personnel. Écoute et coconstruction, principes d'action de l'Esprit de Service, se retrouvent au coeur du modèle dans une démarche où partout se retrouvent design et innovation de service.

En termes de calendrier, le comité technique européen se réunit environ tous les trois mois depuis mars 2013, et ce jusque début janvier 2015. Afin d'alimenter les travaux européens, le groupe de travail AFNOR se réunit tous les cinq semaines en moyenne.

L'objectif sera de publier début 2015 un document de spécifications techniques (Technical Specification) qui, à la différence d'une norme européenne, laisse la possibilité aux organismes normalisateurs nationaux de publier une norme nationale. En effet, une Technical Specification est un document d'application volontaire qui requiert un consensus national. La Technical Specification a un caractère prescriptif mais est reprise de manière volontaire par les pays membres. Les pays qui décident de l'intégrer dans leur catalogue de normes nationales, peuvent le faire en lui donnant le statut qu'ils souhaitent (norme homologuée, norme expérimentale, fascicule de documentation).

Dans tous les cas, d'ores et déjà, il est assuré que ce projet de norme constituera une source d'inspiration pour les entreprises qui souhaitent renforcer leur engagement sur la voie de l'Esprit de Service.

Annexe VII : Le Directeur Expérience Client, acteur clé du management de l'Esprit de Service

Tribune publiée dans la revue « Cultures Services » n° 7, septembre 2013

L'expérience client se définit par la façon dont le client perçoit l'ensemble de ses interactions avec l'entreprise. Frédéric Lobermann, directeur marketing expérience client d'Orange France, précise qu'il s'agit de *« ce que vit le client pour un motif donné de contact, jusqu'au moment où il estime avoir obtenu une réponse à sa demande »*. Le fonctionnement en silos, l'absence de connexion entre les canaux de relation client, le « ça, c'est pas nous ! », constituent alors autant de destructeurs de l'expérience client. Mais attention, manager l'expérience client ne se résume pas au management des interfaces aux différents moments du parcours client.

Comme le rappelle le professeur Christophe Benavent, la relation constitue le premier déterminant de l'expérience client. Il s'agit bien de veiller à la qualité de la relation entretenue avec la marque, tout au long de la relation avec la marque, et non pas seulement tout au long du parcours client. L'importance de la confiance, de la réputation, de la communication de la marque ressort ici.

La problématique au cœur de l'expérience est donc bien celle à laquelle la démarche Esprit de Service apporte une réponse : le management de la qualité de la relation de service, dans toutes ses dimensions, dans une logique de coopération interne et externe avec le client et toutes les parties prenantes. Cette dimension holistique – on parle bien d'écosystème – de l'expérience client pose la question de la responsabilité de son pilotage. La réponse apportée par les champions de l'expérience tient dans la mise en place du *Chief Customer Officer*, le Directeur Expérience Client.

Designer de la cartographie des parcours clients, animateur de la coconstruction et de la diffusion des attitudes de service et des formations associées, manager de la transversalité et de la coopération inter-services au bénéfice du client, acteur clé des démarches d'engagement des collaborateurs et de leur valorisation, garant de la cohérence de l'expérience client à tous les niveaux de l'organisation, soucieux des émotions et de l'enchantement client, pilote des mesures et du partage de la connaissance client, etc. Le Directeur Expérience Client – coordinateur plus que responsable de service – veille à la traduction opérationnelle de l'Esprit de Service partout dans l'entreprise, condition *sine qua non* de la réussite de l'expérience client. Il traduit l'ambition de l'entreprise d'élever les enjeux de l'expérience client au même niveau que ceux du marketing, des systèmes d'information ou du contrôle de gestion. Grâce à lui, l'expérience client est intégrée dans l'évaluation des projets et le pilotage de la performance globale de l'entreprise. Et qui mieux que le Directeur Expérience Client pour structurer, embellir et sublimer les initiatives réalisées par les acteurs de terrain ?

Comme l'attestent les travaux du cabinet Forrester Research, structurer le management de l'expérience client constitue un avantage compétitif réel. Le développement des Directeurs Expérience Client constitue aujourd'hui un signe tangible de maturité du développement de l'Esprit de Service comme modèle de management de la relation. Un modèle fondé sur l'humain et le vécu des hommes et des femmes qui rendent et vivent le service.

Annexe VIII : La commission nationale des services

Le 25 juillet 2013

JORF n° 0171 du 25 juillet 2013

Texte n° 21

DÉCRET
Décret n° 2013-666 du 23 juillet 2013 relatif à la Commission nationale des services

NOR : PROI1241475D
Publics concernés : organismes représentatifs des entreprises de services et de leurs salariés.

Objet : création de la Commission nationale des services.

Entrée en vigueur : le texte entre en vigueur le lendemain de sa publication.

Notice : le présent décret crée la Commission nationale des services (CNS). Cette instance résulte de la fusion de la Commission permanente de concertation pour les services et de la commission des comptes des services.

La Commission nationale des services bénéficie d'une composition élargie.

Elle intègre à sa composition le président de l'Association des régions de France, le président de CCI France, le président de l'Assemblée permanente des chambres de métiers et de l'artisanat, le directeur général de la Banque publique d'investissement (BPI France), le médiateur des relations interentreprises ainsi qu'un député et un sénateur. Un collège des salariés des services vient s'ajouter au collège des entreprises de services et au collège des personnalités qualifiées.

Ses missions sont étendues pour permettre une meilleure structuration et un plus grand dynamisme des filières de services.

Elle a pour mission d'éclairer et de conseiller les pouvoirs publics sur la situation des services en France et leur contribution au développement de l'économie et de l'emploi. Elle peut proposer des actions, de dimension nationale ou européenne, visant à soutenir la compétitivité, l'innovation et le développement de ces secteurs et filières ainsi que des emplois et des compétences associés. Elle peut soumettre des avis argumentés et des propositions relatifs à l'efficacité des aides publiques dont bénéficient les services ainsi qu'à l'impact des politiques publiques sur les services.

Références : le présent décret peut être consulté sur le site Légifrance (http://www.legifrance.gouv.fr).

Le Premier ministre,

Sur le rapport du ministre de l'Économie et des Finances, du ministre du Redressement productif et de la ministre de l'Artisanat, du Commerce et du Tourisme,

Vu le décret n° 2006-672 du 8 juin 2006 relatif à la création, à la composition et au fonctionnement de commissions administratives à caractère consultatif,

Décrète :

Article 1

Il est créé, auprès du ministre chargé des services, une Commission nationale des services.

Article 2

I. – La Commission nationale des services a pour mission :

a) D'éclairer et de conseiller les pouvoirs publics sur la situation des services en France et sur leur contribution spécifique au développement de l'économie et de l'emploi ;

b) De proposer des actions, de dimension nationale ou européenne, visant à soutenir la compétitivité, l'innovation et le développement de ces secteurs et filières ainsi que des emplois et des compétences associés ;

c) De soumettre des avis et des propositions relatifs à l'efficacité des aides publiques dont bénéficient les services ainsi qu'à l'impact des politiques publiques sur les services.

II. – À cette fin, la commission nationale des services :

a) Établit un diagnostic économique concernant la situation des activités de services ;

b) Formule toute proposition pour favoriser le développement de l'activité et de l'emploi dans les services ainsi que la mise en place d'une gestion prévisionnelle de l'emploi et des compétences ;

c) Émet des avis sur l'évaluation des dispositifs existants de soutien aux activités de services notamment en matière de compétitivité et d'innovation ;

d) Réalise des études prospectives sur tout domaine d'intérêt pour les services ;

e) Réalise des études d'impact sur des projets de textes législatifs ou réglementaires, nationaux ou communautaires, susceptibles d'avoir un effet sur les services ainsi que sur toute initiative structurante pour les filières de services.

Article 3

La Commission nationale des services est présidée par le ministre chargé des services ou son représentant. Un vice-président est choisi parmi les membres du collège des entreprises de services mentionné au III de l'article 4.

Article 4

La Commission nationale des services comprend, outre son président :

I. – Des membres de droit :

- les ministres chargés de l'économie, du travail, de la santé, de l'économie numérique, de La Poste et des télécommunications, du tourisme, du commerce, de l'industrie, de l'emploi, du commerce extérieur, des transports, du développement durable, de l'intérieur, de l'éducation nationale, et de l'enseignement supérieur ou leur représentant ;

- le président de l'Association des régions de France ;

- le président de CCI France ;

- le président de l'Assemblée permanente des chambres de métiers et de l'artisanat ;

- le directeur général de BPI France ;

- le médiateur des relations interentreprises ;

- le directeur général de l'Institut national de la statistique et des études économiques (INSEE).

En fonction de l'ordre du jour, le président peut inviter d'autres ministres aux réunions de la commission.

II. – Un député et un sénateur, respectivement désignés par le président de l'Assemblée nationale et le président du Sénat.

III. – Les membres énumérés ci-après, répartis au sein de trois collèges et nommés pour trois ans, par arrêté du ministre chargé des services :

- le collège des entreprises de services, composé de trente-huit membres issus d'organisations professionnelles ou du monde de l'entreprise, représentant des entreprises de services ;

- le collège des salariés des services, composé, dans la limite de cinq membres, des organisations syndicales les plus représentatives au plan national ;

- le collège des personnalités qualifiées, composé de trois membres, choisis en fonction de leurs compétences ou de leur expérience dans le domaine des services.

Le président peut inviter, en tant que de besoin, toute autre personnalité ou expert pour assister la commission dans ses travaux.

Article 5

La commission se réunit au moins une fois par an sur convocation de son président. Elle arrête son programme de travail pour l'année et constitue des sections thématiques. Une de ces sections est consacrée aux comptes des services.

Les représentants des professions mentionnés au III de l'article 4 assurent la présidence des sections thématiques.

Article 6

Le secrétariat de la commission est assuré par la direction générale de la compétitivité, de l'industrie et des services.

Article 7

Le décret n° 87-989 du 9 décembre 1987 portant création d'une commission des comptes des services ainsi que le décret n° 2009-1048 du 27 août 2009 relatif à la création d'une commission permanente de concertation pour les services sont abrogés.

Article 8

Le ministre de l'Économie et des finances, le ministre du redressement productif, la ministre de l'artisanat, du commerce et du tourisme et la ministre déléguée auprès du ministre du redressement productif, chargée des petites et moyennes entreprises, de l'innovation et de l'économie numérique, sont chargés, chacun en ce qui le concerne, de l'exécution du présent décret, qui sera publié au *Journal officiel* de la République française.

Fait le 23 juillet 2013.

Jean-Marc Ayrault

Par le Premier ministre :

Le ministre du Redressement productif,
Arnaud Montebourg
Le ministre de l'Économie et des Finances,
Pierre Moscovici
La ministre de l'Artisanat,
du Commerce et du Tourisme,
Sylvia Pinel
La ministre déléguée
auprès du ministre du Redressement productif,
chargée des petites et moyennes entreprises,
de l'innovation et de l'économie numérique,
Fleur Pellerin

Annexe IX : La Fête des Services

La Fête des Services, dont la première édition a été lancée début septembre 2013, est un concours annuel national, destiné aux créateurs de Services en France. Son objectif est de valoriser la dynamique du secteur, d'impulser et encourager l'innovation de service, et de récompenser les créateurs de Services qui améliorent la vie quotidienne des Français.

Elle a été organisée pour la première fois en 2013 et présidée par Xavier Quérat-Hément, Directeur de la Qualité du Groupe La Poste, dans le cadre de la Commission Nationale des Services (cf annexe VIII), avec le Groupement des Professions de Services du MEDEF et avec le soutien de nombreux partenaires, entreprises, institutions et acteurs régionaux.

En deux mois, pour la première édition, et sans soutien médiatique de grande ampleur, 476 dossiers de candidatures ont été déposés. Un véritable succès en termes de participation des créateurs ! Mais ce n'est pas tout. Plus de 1 700 followers ont suivi l'opération sur le compte Twitter. Et la Fête des Services est un concours innovant : non seulement, c'est un concours national dédié aux services, mais c'est aussi et surtout un concours dans lequel les lauréats sont désignés par le grand public. De fait, la participation des internautes, qui pouvaient voter via Facebook ou directement sur le site www.lafetedesservices.fr pour désigner les lauréats, a été massive. Plus de 18 000 votes ont été recueillis pour désigner les lauréats des cinq catégories de prix :

- Prix des services qui simplifient la vie quotidienne des Français : **Holidog**
- Prix des services qui rapprochent les Français : **Short édition**
- Prix des services innovants et créateurs de valeur : **Blablacar**
- Prix des services aux Seniors : **Seniors à votre service**
- Prix des services des acteurs publics : **Beecitiz**

A côté des cinq prix décernés par le public, le « Grand Prix Esprit de Service France » est décerné par le jury d'experts, composé de personnalités du monde des services et de l'innovation de service. Il récompense un Service innovant, fondé sur le développement de la qualité de la Relation entre les tous les acteurs du service, porteur des valeurs de l'excellence de service et ayant un impact significatif sur la société, les Français et les entreprises. En 2013, c'est le service **Allo-mairie.com** qui en a été le lauréat.

Les trophées ont été remis lors d'une grande cérémonie tenue le 16 décembre 2013 sous le parrainage de monsieur Pierre GATTAZ et en présence de nombreuses personnalités du monde économique et de dirigeants des grands groupes de service français.

La Fête des Services est soutenue par de nombreux partenaires : entreprises, institutions, collectivités territoriales mais également société civile, associations de consommateurs et inventeurs. Cet événement leur est dédié et sert de tremplin, de courroie et d'incubateur entre des Petites, Moyennes, Grandes et Très Grandes Entreprises.

Car l'innovation de service répond à des enjeux majeurs auxquels doivent répondre les entreprises. Tout d'abord, la mondialisation des services, qui selon une étude du cabinet Oliver Wyman, « est une révolution aussi remarquable que celle qui a touché l'industrie après 1973 » et qui va « déboucher sur une économie de l'immatériel, structurée sous la forme de réseaux mondiaux de services». Il y a également l'évolution des comportements et le développement de l'économie du partage. Avec le web 2.0, l'ère du « Co- » s'est imposée : co-création, co-production, co-construction, coopération, « co-révolution » ! De nombreux dossiers de La Fête des Services s'inscrivent dans cette approche collaborative qui répond aux attentes d'amélioration de la vie quotidienne, de rapprochement des personnes et des générations, de création de valeur durable respectueuse des personnes et de l'environnement. Enfin l'explosion de l'open data et du big data marque l'avènement de l'ère du web 3.0, avec ses milliards d'objets connectés et le stockage effréné de données.

Dans cette « révolution des services », décrite par le cabinet EY, «innover différemment» est l'une des principales voies de développement. 84% des dirigeants interrogés par EY pensent que la clé du succès réside dans les nouvelles façons de concevoir les services et 86% considèrent que l'innovation viendra des clients . Innover dans les services, c'est désormais un métier : le design de service. Au sein du Groupe La Poste, nous avons ainsi créé en 2013 un prix du design de service. La multiplication des Fab Labs – mêlant design thinking et technologie, notamment les imprimantes 3D - montre bien que services et industrie sont désormais dans une complète interpénétration et que celle-ci constitue un levier majeur d'innovation.

Nouvelles activités à inventer, nouveaux marchés à conquérir, les enjeux de l'innovation de service sont cruciaux. Les services constituent un atout pour la France, une composante clé de la marque France. Selon une enquête réalisée par l'Académie du Service pour la

Fête des Services, 90% des français déclarent en octobre 2013 (enquête par internet d'Init Satisfaction auprès un échantillon de 1011 interviewés représentatif de la population française) que les métiers de services sont porteurs d'avenir !

Pour que notre économie soit plus compétitive, il convient de donner aux services et à l'innovation de service la place qu'ils méritent. Y contribuer et accompagner les créateurs de service est la raison d'être de la Fête des Services !

Annexe X : L'originale démarche « Investors in People »

Pour obtenir la certification « Investors in People », l'entreprise doit démontrer que chacun de ses collaborateurs connaît la politique engagée, sa contribution attendue et effective à sa réalisation, ses besoins en compétences, mais aussi qu'il a confiance dans les orientations de l'entreprise, dans le *leadership* de ses dirigeants et ses managers.

L'audit de certification ne porte pas tant sur les pratiques existantes que sur la réalité de leur mise en œuvre, vue des collaborateurs, et de leur impact concret.

Être IIP, c'est répondre aux objectifs de l'entreprise :

- intégrer la culture de l'entreprise dans les comportements ;
- instaurer des objectifs communs pour tous ;
- améliorer la communication interne ;
- assurer le lien direct entre la formation et les objectifs définis ;
- évaluer les résultats des actions de formation sur la performance de l'entreprise ;
- favoriser la fidélisation du personnel ;
- améliorer la satisfaction des clients ;
- accroître la motivation des collaborateurs.

Être IIP, c'est répondre aux objectifs des collaborateurs :
- professionnaliser le rôle de manager ;
- être mieux informé sur chaque action et son but ;
- se sentir encouragé à proposer des idées ;
- bénéficier d'un soutien direct de son responsable ;
- obtenir un meilleur retour sur ses performances ;
- avoir des opportunités pour faire évoluer son plan de carrière ;
- être réactif à chaque situation ;
- connaître ses objectifs ;

prendre conscience de sa contribution à la réussite de l'entreprise ; développer en permanence ses compétences.

Le choix de ce référentiel s'est révélé adapté à la situation particulière des collaborateurs d'un siège qui, pour bien jouer leur rôle, doivent connaître le sens et les objectifs de l'entreprise et les attentes des métiers.

La démarche « Investors in People » a été une première brique au siège de La Poste dans la construction de l'Esprit de Service par la coopération, la transversalité et l'évolution managériale qu'elle suggère.

Annexe XI : La création du club ANVIE
« Esprit de Service & Innovation managériale »
18 avril 2013 (jour de la saint Parfait, patron, comme chacun sait, de la qualité !)

L'ANVIE est un organisme qui a pour vocation de promouvoir les sciences humaines et sociales comme une ressource stratégique pour l'entreprise et développer des passerelles entre le monde de la recherche et celui de l'entreprise en organisant des rencontres où universitaires et professionnels confrontent les résultats de leurs recherches et leurs expériences de terrain.

À l'initiative du Groupe La Poste, un séminaire ANVIE sur la démarche Esprit de Service s'est tenu en 2012 réunissant près de 30 entreprises et s'est clos par une journée d'échanges interentreprises particulièrement riche en décembre donnant lieu à des actes publiés par l'ANVIE et le Groupe La Poste.

Sur cette base, 16 entreprises, sur l'impulsion de l'ANVIE et du Groupe La Poste, ont participé à la création du club « Esprit de Service & Innovation managériale » en avril 2013. Un club dont l'ambition est de coconstruire, avec l'appui de chercheurs, un modèle de management « Esprit de service ».

Fondé sur la conviction que la qualité de la relation constitue le moteur de la performance, les membres du club ont défini les composantes principales de la démarche Esprit de Service.
Culture de service, coconstruction, symétrie des attentions, intensité relationnelle, marge de manœuvre, attitudes de services, design de l'expérience client sont autant de thématiques sur lesquelles les travaux à venir en 2013 vont se développer au sein du club.
Ces travaux prennent toute leur dimension au moment où le Comité européen de normalisation (CEN) a mis en place un groupe de travail dont la mission est de rédiger un texte normatif sur l'excellence de service. La commission française, intégrée au comité « Management et Services » que je pilote, est parvenue à intégrer dans le projet de texte nombre de principes du modèle Esprit de Service (notamment la symétrie des attentions et le caractère central de l'expérience client). Un enjeu de poids pour les entreprises françaises qui pourront arborer les mêmes caractéristiques que les entreprises européennes reconnues pour leur excellence de service et leur capacité à générer l'enchantement de leur client. Une contribution directe à la reconnaissance de la compétitivité de nos entreprises.

•••

Composantes du modèle de management « Esprit de Service »
Club « Esprit de Service & Innovation managériale »
Version du 14 juin 2013 (le modèle est en cours d'évolution en 2014)

	Composantes générales	Aperçu des éléments à développer dans chaque composante
1	Développer une stratégie et une culture du service	Construire une stratégie métier orientée service. Faire du service un engagement stratégique, adopter des engagements de service. Construire, déployer et animer une culture client/culture de service. Développer la fierté et le sens du service dans chaque métier.
2	Innover dans l'offre et l'expérience de service pour le client	Instaurer un pilotage de l'expérience client. Chercher à surprendre le client. Développer l'offre relationnelle et l'innovation de service.
3	Piloter la valeur perçue de l'expérience de service	Développer les mesures de l'expérience de service. Quels dispositifs et méthodologies adopter ? Comment valoriser ces mesures et les résultats ? Développer une mesure intégrée de la chaîne de service. Intégrer ces mesures dans le management de la performance avec des objectifs de qualité du service. Faire confiance/transparence résultats. Développer le partage d'objectifs communs.
4	Construire et favoriser l'excellence de la relation	Rechercher l'excellence relationnelle, l'intensité relationnelle. Adopter une relation « client unique ».
5	Échanger et dialoguer avec les clients et au sujet des clients avec les collaborateurs	Développer l'écoute collaborateurs, l'écoute clients. Connaître et reconnaître. Développer la coconstruction. Intégrer le ressenti dans l'écoute. Mettre en place une écoute client multicanal, une écoute directe des collaborateurs à l'égard des clients. Rechercher une appréhension globale des attentes clients (design). Développer l'attention à l'égard des clients et l'attention à l'égard des collaborateurs.
6	Développer la coopération au sein de la chaîne de valeur du service	Mettre en place des feedbacks/REX, des benchmarks, un partage de la connaissance clients. Travailler sur les porosités au sein de l'écosystème. Développer le partage du quotidien opérationnel « Vis ma vie », la coopération dans toute la chaîne de valeur (« tous acteurs d'une chaîne de service »). S'appuyer sur le volontariat, la logique partenaire, la solidarité professionnelle. Formaliser les parcours/contributions en complément à la qualité, développer l'implication des RH, s'appuyer sur la légitimité des RH.
7	Identifier et développer les ressources de l'Esprit de Service	Aligner les process, outils et moyens (organisation, SI...) sur la démarche Esprit de Service. Intégrer la dimension « temps » et son impact. Développer le traitement des irritants rencontrés par les collaborateurs. Renforcer les compétences et actions en termes de coaching et retours client vers les équipes, pour cela développer la responsabilisation du management de proximité.

8	Repenser le management et l'organisation pour soutenir l'Esprit de Service	Développer la symétrie des attentions. Renforcer la communication opérationnelle. Développer le management par la reconnaissance et le management participatif. Lancer et accompagner une démarche de transformation managériale. Travailler sur l'exemplarité. Valoriser le métier des personnels encadrants sur le terrain.
9	Favoriser l'autonomie et la responsabilisation des collaborateurs	Développer la marge de manœuvre, le droit à l'erreur. Placer le collaborateur au centre. Développer l'agilité, l'audace, l'initiative, la responsabilisation, la liberté, la proactivité, l'acceptation des critiques, l'intelligence des situations.
10	Développer les attitudes et comportements des personnels en contact	Définir des méthodes de déploiement et d'adoption des attitudes par le personnel. Limiter à quelques attitudes clés – emblématiques – le programme d'attitudes. À titre d'exemple, plusieurs entreprises se limitent à trois attitudes ou familles d'attitudes : « disponible, attentionné, fiable » (AXA), « disponible, attentionné, convivial » (Monoprix), « accueil, écoute, efficacité » (La Poste). « Je dis ce que je fais et je fais ce que je dis ». Axer les attitudes sur l'engagement, la rencontre, l'accompagnement, la considération.

Annexe XII : Standards de service et attitudes de service

Dans le cadre du déploiement de l'Esprit de Service au sein du réseau des bureaux de poste, la Direction de la Qualité de l'Enseigne a intégré les attitudes de service dans l'animation et le pilotage des standards de service. Ainsi, dans la définition de chaque standard de service, des attitudes de service sont indiquées.

Extrait du guide pratique de pilotage des standards de service de l'Enseigne La Poste

Annexes

Standards de service	Attitudes de service
L'ACCUEIL Le standard Accueil des clients mesure la qualité de la prise en charge des clients et l'usage du BRASMA (Bonjour, Regard, Attention, Sourire, Merci, À bientôt)	**Les attitudes de service lors de la prise en charge** • *Proactivité :* aller au-devant des clients. • *Dynamisme :* être rapide et souriant. • *Prévenance :* orienter les clients en restant à leur disposition. **Les attitudes de service autour du BRASMA :** • être courtois et porter de la considération au client. • Montrer le plaisir et la fierté que l'on a à accueillir le client. • être attentionné et montrer de l'intérêt pour le client.
RAPIDITÉ DU SERVICE • Lorsqu'il est professionnel, titulaire de la Carte Pros, ou pour les opérations rapides (retrait-dépôt courrier/colis), le client accède au guichet ou à l'îlot en moins de 5 minutes. • Pour les bureaux ESC et/ou certifiés ou en certification : pour toutes les opérations (hors retrait ou dépôt courrier/colis et prise de rendez-vous bancaire), le client accède au guichet ou à l'îlot en moins de 10 minutes.	• *Anticipation :* savoir se préparer aux évolutions de l'affluence clients. • *Dynamisme :* être rapide et souriant. • *Prévenance :* orienter les clients tout en restant à leur disposition. • *Entraide entre collègues :* se rendre disponible pour un collègue en difficulté. • *Engagement :* prendre des initiatives pour assurer l'atteinte du standard.
MOBILISATION FACE À L'ATTENTE Dès 5 minutes d'attente, le client constate que tous les agents servent un client.	• *Réactivité :* suspendre les tâches en cours et prioriser la prise en charge des clients. • *Dynamisme :* être rapide et souriant. • *Disponibilité :* être attentif aux besoins de soutien des collègues en charge de l'accueil client. • *Engagement :* prendre des initiatives pour assurer l'atteinte du standard.
L'INFORMATION DU CLIENT • Le bureau met à la disposition du client l'information réglementaire précisant les conditions d'accès au service. • L'information mise à disposition est complète et accessible.	• *Rigueur :* faire preuve de précision dans les informations fournies aux clients. • *Anticipation :* maîtriser l'information sur les projets de nouveaux produits et services de La Poste. • *Professionnalisme :* maîtriser la connaissance des produits et services.
NETTETÉ DES ESPACES • Tous les espaces à la disposition et à la vue du client, à l'intérieur comme à l'extérieur, sont propres, rangés et en bon état.	• *Rigueur :* montrer par sa propre tenue, et l'exemplarité de son comportement, l'importance attribuée à la netteté des espaces. • *Proactivité :* anticiper la détérioration du matériel, la propreté du bureau et éviter la rupture produit. • *Réactivité :* profiter de tout moment disponible pour maintenir la netteté parfaite des espaces. • *Esprit d'équipe :* laisser une position de travail propre et rangée.

Annexe XIII : le Groupement des Professions de Services

« Le GPS est né en 2004 de la volonté des fédérations de services et de quelques grandes entreprises de services dans l'univers du Medef de s'engager pour promouvoir et expliquer l'économie des services, rappelle Bérangère de Beaucoudrey[120], Déléguée Générale du Groupement des Professions de Services. Dans un pays façonné d'abord par l'agriculture puis depuis le 19e siècle par l'industrie, il était important d'expliquer la part que les services prenaient dans notre pays. Ils représentent aujourd'hui 46 % du PIB, près de 9 millions d'emplois, un million d'entreprises. 80 % des emplois qui se créeront d'ici 2016 seront dans les services. La France est incontestablement le leader mondial des entreprises de services aux entreprises dans l'environnement, l'énergie et la construction. Elle figure aux premiers rangs mondiaux dans les autres catégories de services (Telecom, hôtellerie, restauration collective, médias, publicité ; loteries, transports, distribution industrielle B2B, etc.). Le GPS s'est donc fixé comme objectifs de mieux faire connaître et prendre en compte l'économie des services et le modèle de l'entreprise de services aussi bien à l'intérieur du monde patronal qu'à l'extérieur, vis-à-vis des Pouvoirs publics. »

Fondé par Georges Drouin, le GPS est aujourd'hui présidé par Christian NIBOUREL. Le Groupement des Professions de Services (GPS) regroupe 25 fédérations de services membres du Medef et près de 26 grandes entreprises. Les services sont un moteur pour la croissance et l'emploi ; ils ont souhaité mieux s'organiser afin de prendre, dans la société civile, une place à la mesure de celle qu'ils occupent dans l'économie. Le GPS publie un « baromètre trimestriel des services » disponible sur son site internet ainsi que de nombreuses études.

---

120. Extrait d'une interview de Bérangère de Beaucoudrey dans *Relation Client Magazine*, 4 juillet 2012

Ses thèmes d'action concernent en priorité la contribution du secteur des services à la croissance et à l'emploi, la formation, la valorisation des métiers de services, l'innovation et la prise en compte des spécificités du secteur des services dans les politiques publiques.

Le GPS rassemble six secteurs d'activités :

- Services financiers : assurance, banque
- Information et communication : poste, télécommunications, communication, programmation, traitement de données
- Services spécialisés, scientifiques et techniques : conseil, formation, recrutement, services informatiques, ingénierie
- Services administratifs et de soutien : transport, logistique, location de véhicules, travail temporaire et métiers de l'emploi, propreté, sécurité, foires et salons, relation client (centres d'appels, métiers de l'accueil)
- Services aux particuliers et aux personnes : hôtellerie, restauration traditionnelle et thématique, restauration rapide, tourisme, services aux personnes (au domicile ou sur lieu de travail), promotion et gestion immobilières, formation professionnelle, santé, loisirs
- Services aux collectivités : services à l'énergie, distribution et assainissement de l'eau, collecte de déchets, parkings, transports en commun, restauration collective, autoroutes

Qu'entend-on par services ? (source www.gps.asso.fr)

- Production et distribution d'eau ; assainissement, gestion des déchets et dépollution
- Transport et entreposage :
- Transports terrestres, par eau et aériens ; entreposage et services auxiliaires des transports ; activités de poste et de courrier.
- Hébergement et restauration :
- Hébergement, restauration (traditionnelle, rapide, collective).

- Information et communication :
- Edition ; production de films cinématographiques, de vidéo et de programmes de télévision, enregistrement sonore et édition musicale ; programmation et diffusion ; télécommunications ; programmation, conseil et autres activités informatiques ; services d'information.
- Activités financières et d'assurance :
- Activités des services financiers, hors assurance et caisses de retraite ; assurance ; activités auxiliaires de services financiers et d'assurance.
- Activités immobilières :
- Activités des marchands de biens ; promotion immobilière.
- Activités spécialisées, scientifiques et techniques :
- Activités juridiques et comptables activités des sièges sociaux ; conseil de gestion ; activités d'architecture et d'ingénierie ; activités de contrôle et analyses techniques ; recherche-développement scientifique ; publicité et études de marché ; autres activités spécialisées, scientifiques et techniques ; activités vétérinaires.
- Activités de services administratifs et de soutien :
- Activités de location et location-bail (de voitures...) ; activités liées à l'emploi ; activités des agences de voyage, voyagistes, services de réservation et activités connexes ; enquêtes et sécurité ; services relatifs aux bâtiments et aménagement paysager (propreté...) ; activités administratives et autres activités de soutien aux entreprises (centres d'appels, foires et salons...).
- Arts, spectacles et activités récréatives :
- Activités sportives, récréatives et de loisirs marchands...
- Autres activités de services :
- Réparation d'ordinateurs...
- Activités des ménages :
- En tant qu'employeurs.
- Enseignement, santé humaine et action sociale :
- Enseignement marchand (formation professionnelle...), hébergement médico-social et social marchand.

**Les chiffres des services
(source : Comptes Nationaux 2012 - Insee)**
- 46 % de la valeur ajoutée (PIB) de la nation
- Entre 2000 et 2011, les services ont réalisé 1,6 % de croissance par an vs 1,1 % pour l'ensemble de l'économie
- En 2012, les services affichent un taux de croissance de 0,4 % vs 0 % pour l'ensemble de l'économie.
- 8,8 millions d'emplois, le 1er employeur en France et le 1er financeur de la protection sociale.
- 2,5 millions d'emplois marchands ont été créés par les entreprises de services entre 1990 et 2011.
   Sur la même période,
   - l'agriculture a perdu 502 000 emplois
   - l'industrie a perdu 1 314 000 emplois
   - la construction a gagné 31 000 emplois
   - Le commerce a gagné 481 000 emplois

- Une contribution positive de 31,2 milliards d'euros au solde de la balance commerciale en 2012 (+ 44,4 % par rapport à 2011).

- 1,65 million d'entreprises au 31 décembre 2012, dont :
   - 1,571 million de TPE (de 0 à 9 salariés),
   - 75 782 entreprises de 10 à 200 salariés,
   - 2 795 entreprises de 200 à 2000 salariés,
   - 263 entreprises de 2000 salariés ou plus.

**L'entreprise de services, une entreprise spécifique
(source www.gps.asso.fr)**

- Contrat de travail, temps de travail et coût du travail sont au cœur de notre métier.
- Les régulations législatives et réglementaires ne peuvent plus l'ignorer (le code du travail ignore le mot client).

- Le service, c'est une relation avec un client.
- Le service, c'est du temps.
- Le service, c'est du salaire (jusqu'à 80% dans certains métiers), des charges sociales, des contraintes sociales.
- Le service, c'est de l'emploi.

Annexe XIV : La DGCIS, Direction Générale de la Compétitivité, de l'Industrie et des Services (www.dgcis.gouv.fr)

La Direction Générale de la Compétitivité, de l'Industrie et des Services (Dgcis) a été créée par décret le 13 janvier 2009.

Placée sous l'autorité du ministre du Redressement productif et du ministre de l'Artisanat, du commerce et du tourisme, la Dgcis a pour mission de développer la compétitivité et la croissance des entreprises de l'industrie et des services. Ceci passe par le développement des nouveaux secteurs, notamment dans les services aux entreprises et à la personne, par le soutien et la diffusion de l'innovation et l'anticipation et l'accompagnement des mutations économiques, dans un objectif de croissance durable et d'emploi.

Elle analyse les meilleures pratiques internationales, écoute les acteurs économiques pour être une force de propositions des ministres dans tous les domaines de la compétitivité des entreprises.

La Dgcis comprend, outre un secrétariat général chargé d'assurer son fonctionnement :

- Le service des technologies de l'information et de la communication

- Le service de l'industrie
- Le service tourisme, commerce, artisanat et services
- Le service de la compétitivité et du développement des PME

Elle comprend également une sous-direction de la prospective, des études économiques et de l'évaluation et une mission de l'action régionale.

Annexe XV : l'Institut Esprit Service
(www.institutespritservice.com)

L'humain est l'élément décisif de la performance individuelle et collective de toute entreprise ou administration. Il influe le plus fortement sur sa capacité à innover, à faire évoluer son modèle économique, à créer de la confiance avec l'ensemble de ses parties prenantes.

Cette conviction porte les travaux de l'Institut Esprit Service (IES) qui est un lieu de réflexion, d'échanges et de benchmark. L'IES est un think tank qui organise avec ses adhérents un débat d'idées et bénéficie d'apports de tous les horizons (entreprises, acteurs publics, monde académique...). Sa mission principale est le développement de réflexions, méthodes et outils de management de service. Il a une vocation particulière à travailler au rapprochement et au maillage des entreprises et des acteurs publics.

Parmi les nombreux travaux et manifestations organisés par l'IES, on mentionnera le colloque du 10 décembre 2013 consacré à « L'enchantement du client au service de la compétitivité de l'entreprise » en lien avec les travaux menés par la commission AFNOR sur l'excellence de service (cf annexe VI ci-dessus).

Annexe XVI : NEKOE Cluster
(www.nekoe-cluster.com)

Créé en 2009 et situé à Orléans, en région Centre, le Pôle d'excellence Nekoé est le premier pôle français spécialisé dans l'innovation par les services.

Il réunit 60 partenaires, entreprises, laboratoires, universités, centres de formation, fédérations professionnelles, organismes financiers et collectivités territoriales impliqués dans le développement de la filière des services innovants afin de trouver de nouveaux champs de croissance.

Nekoe a pour vocation de permettre aux entreprises de tous secteurs de trouver, en s'appuyant sur la recherche en sciences de services, de nouveaux champs de croissance, par le développement d'activités de services innovants.

L'innovation service est un levier de renouvellement des modèles économiques. Elle implique un bouleversement des pratiques, processus et organisations, que ce soit en termes de conception de nouvelles offres, de leur délivrance et de leur pilotage. Dans ce contexte, Nekoé se positionne comme un équipementier permettant l'industrialisation des démarches d'innovation service, à des fins transformation et de création de nouveaux modèles de croissance.

Les solutions de NEKOE sont dédiées au Design de service et la création de communauté d'innovation. Elles reposent sur une R&D poussée exploitant la donnée usage et la donnée innovation, afin d'optimiser la performance des entreprises que ce soit en termes de valeur économique et d'expérience utilisateur des services.

Annexe XVII : AFNOR
(www.afnor.org)

Le Comité stratégique « Management et services » a pour vocation de coordonner le programme de normalisation; il initie les nouveaux thèmes de normalisation et analyse leur faisabilité, veille à la progression et à la cohérence des travaux normatifs, ainsi qu'à la pertinence des normes produites par rapport au marché et aux besoins exprimés par les utilisateurs.

Le champ de compétences du Comité stratégique « Management et services » couvre les segments suivants:

- Le management, orienté vers la maîtrise de la performance ou la création de valeur par les organisations (qualité, maîtrise des risques, externalisation, innovation, propriété intellectuelle, intelligence économique, gestion de projet, ressources humaines ...)

- les services opérationnels dans les entreprises, les services aux entreprises (BtoB), la gestion de la relation client (gestion des réclamations, mesure de la satisfaction)

- les méthodes et outils génériques liés à la confiance et à la mesure (évaluation, audit, attestation de conformité, métrologie, analyse de la valeur, terminologie, expertise, colorimétrie, grandeurs et unités, symboles graphiques et pictogrammes, nanotechnologie...).

Deux priorités du Comité stratégique pour 2014 :
Les services et les PME

1. Proposer une normalisation contribuant au développement des services avec la préparation d'un livre blanc sur la nomalisation pour développer les services en France

2. Prendre en compte les intérêts et besoins des petites entreprises dans la normalisation

Ces priorités entrent dans les défis de proximité et d'influence internationale de la stratégie française de normalisation 2011-2015.

Xavier QUERAT HEMENT est Président du Comité stratégique « Management et services » de l'AFNOR.

Annexe XVIII : AFQP
Association France Qualité Performance
(www.qualiteperformance.org)

L'AFQP - Association France Qualité Performance - est une association loi 1901 créée en avril 2012, soutenue par le Ministère de l'Économie, du Redressement Productif et du Numérique. Portail de la Qualité et de la Performance, elle est née du regroupement de 3 entités :

- **la FAR/MFQ** - Fédération des Associations Régionales de marque MFQ (Mouvement Français pour la Qualité)
- **le CNQP** - Comité National Qualité Performance
- **L'association FQP** - France Qualité Publique

Elle a pour vocation de fédérer, animer et coordonner l'ensemble des acteurs français publics et privés qui placent la qualité, les démarches de progrès et les systèmes de management au coeur de leur stratégie. Elle fédère aujourd'hui 18 réseaux régionaux, couvrant l'ensemble du territoire, y compris la Martinique.

L'équipe dirigeante de l'AFQP (depuis le 29 avril 2014)

Deux co-présidents

- Pierre Girault, Directeur Développement Qualité et Coordination QSE d'Air France
- Xavier Quérat-Hément, Directeur de la Qualité du Groupe La Poste

Les membres du conseil d'administration

- Marc BAZINET, EDF Direction Commerciale
- Fabrice BONNIFET, Bouygues SA
- Bernard BOUSAADA, AFQP Bourgogne

- Jean-Pierre CALISTE, UTC de Compiègne
- Michel CAM, Personnalité Qualifiée
- Yves CANNAC, Personnalité Qualifiée
- Etienne CASAL, BUREAU VERITAS Certification
- Jean-Claude CHARRIER, Personnalité Qualifiée
- Jean-Jacques CROSNIER, DCNS
- Vincent GILLET, Groupe AFNOR
- Pierre GIRAULT, Air France
- Gérard HUOT, CCI FRANCE
- Éric KOLASINSKI, AQP Auvergne
- Michel LAVIALE, Personnalité Qualifiée
- Patrick MONGILLON, AFQP Ile de France
- Gilbert MOUNIER, MFQ Alsace
- Didier NADAU, AFQP PACA
- Xavier PAIN, GIFAS
- Xavier QUERAT-HÉMENT, Groupe La Poste
- Catherine RIGOUSTE, MFQ Midi-Pyrénées
- Christophe VITARD, MFQM Pays de Loire

Bibliographie

Bibliographie introductive à l'esprit de service

L'esprit de service en général

BERRY (Leonard L.), *Discovering the soul of service: The Nine Drivers Of Sustainable Business Success*, S & S International, 1999, 304 p.

CARLZON (Jan), *Moments of truth: New Strategies for Today's Customer-Driven Economy*, Harvard Business, 1989, 160 p.

CHÉTOCHINE (Georges), *Les 7 conditions pour satisfaire et fidéliser ses clients*, Éditions d'Organisation, 2010, 222 p.

CHÉTOCHINE (Georges), *Le marketing des émotions : Pourquoi Kotler est obsolète ?*, Eyrolles, 2008, 198 p.

EUVERTE (Magali), JOSEPH-ANTOINE (Hubert), *Management du service et conduite du changement, Le cas de la SNCF*, Vuibert, 2010, 192 p.

FLEMING (John H.), ASPLUND (Jim), *Human sigma - Managing the Employee-Customer Encounter*, Gallup Press, 2007, 216 p.

GRESSIER (J.-J.) et CALLIGARO (M.), *Servir ou disparaître : Quand l'esprit de service devient une nécessité pour l'entreprise*, Vuibert, 2012, 288 p.

HSIEH (Tony), *L'entreprise du bonheur : Comment faire de la culture d'entreprise un avantage concurrentiel*, Leduc .S éditions, 2011, 256 p.

HUETE (Luis-Maria) et MAESTRONI (Myriam), *Intelligence émotionnelle, services et croissance : Fidélisez clients et employés dans les services grâce à l'intelligence émotionnelle*, Maxima Laurent du Mesnil éditeur, 2009, 253 p.

JULIEN (Anne), MAROT (André), *Marketing de la banque et de l'assurance*, Dunod, 2012, 240 p.

LELAND (Karen), BAILEY (Keith), HABABOU (Ralp), *Le Service Client pour les nuls*, Editions Générales First, 2010, 381 p.

MEYRONIN (Benoît) et DITANDY (Charles), *Du management au marketing des services : Améliorer la relation client - Développer une véritable culture de service*, Dunod, 2011, 256 p.

NAYAR (Vineet), *Les employés d'abord, les clients ensuite : Comment renverser les règles du management*, Éditions Diateino, 2011, 231 p.

PEREY (Erik), MEYER (Lionel), de MONTMORIN (Gabrielle), *Luxury attitude : Enquête sur le service dans le domaine du luxe et comment s'en inspirer pour fidéliser ses clients*, Maxima, 2011, 236 p.

PRICE (Bill), JAFFE (David), *The Best Service Is No Service: How to liberate your customers form customer service, keep them happy and control costs*, Brilliance Audio, 2008.

SASSER (Earl W.), HESKETT (James L.), SCHLESINGER (A.), *The Value Profit Chain: Treat Employees Like Customers And Customers Like Employees*, S & S International, 2003, 400 p.

SASSER (Earl W.), HESKETT (James L.), WHEELER (Joe), *The Ownership Quotient: Putting the Service Profit Chain to Work for Unbeatable Competitive Advantage*, Harvard Business School Press, 2008, 272 p.

La mesure de l'esprit de service

ALLEN (Derek R.), WILBURN (Morris), *Linking Customer and Employee Satisfaction to the Bottom Line: A Comprehensive Guide to Establishing the Impact of Customer and Employee Satisfaction on Critical Business Outcomes*, ASQ Quality Press, 2002, 238 p.

AVEROUS (Bernard), AVEROUS (Danièle), *Mesurer et manager. La qualité de service*, Insep Editions, 1998, 136 p.

BERRY (Leonard L.), ZEITHAML (Valarie A.), PARASURAMAN (A.), *Delivering quality service: Balancing customer Perceptions and Expectations*, The Free Press, 2009, 244 p.

COUZON (Élisabeth) et DORN (Françoise), *Les émotions, Développer son intelligence émotionnelle*, éditions ESF, 2011.

HILL (Dan), *Emotionomics: Leveraging Emotions for Business Success*, Kogan Page Ltd, 2010, 288 p.

MOUTTE (Julie), *Attitudes au travail des employés et satisfaction des clients : Analyse de la performance du personnel en contact dans les services*, Éditions universitaires européennes, 2010, 600 p.

REICHHELD (Fred), MARKEY (Rob), *The ultimate question 2.0: How Net Promoter Companies Thrive in a Customer-Driven World*, Harvard Business School Press, 2011, 224 p.

SASSER (Earl W.) HESKETT (James L.), SCHLESINGER (A.), *The Service Profit Chain: How leading companies link profit and growth to loyalty, satisfaction, and value*, S & S International, 1997, 320 p.

SHIBA (Shoji), *La conception à l'écoute du marché : Organiser l'écoute des clients pour en faire un avantage concurrentiel*, Insep Éditions, 1995, 128 p.

WAGNER (Rodd), *12 The elements of great managing*, Gallup Press, 2006, 280 p.

Les attitudes de service

CHÉTOCHINE (Georges), *Et la gentillesse dans tout ça ?* Eyrolles, 2007, 168 p.

GELIN (Sandrine), TRUONG (Khuê-Linh), *Adopter l'accueil-attitude*, Eyrolles, 2008, 148 p.

LABRUFFE (Alain), *Le savoir-être ! Un référentiel professionnel d'excellence*, AFNOR, 2008, 245 p.

LAMBERT (Slim), *Comment manager les comportements*, Éditions Liaisons, 2005, 284 p.

MAISONNEUVE (Jean-Henri), TOMINE (Didier), *Conseillers de clientèle : Entreprise, pilotez vos négociations !*, La Revue Banque, 2010, 140 p.

MARÉCHAL (Lucienne), BRAVIN (Christiane), *L'entreprise accueillante*, Edipro, 2008, 234 p.

MARTIN (Marie-Agnès), *Les clés de l'accueil : La performance dès le 1er contact*, Le Génie des Glaciers, 2010, 192 p.

Valeurs, confiance, culture de service

ALGAN (Yann), CAHUC (Pierre), ZYLBERBERG (André), *La fabrique de la défiance... et comment s'en sortir*, Albin Michel, 2012, 192 p.

CLAUDE (Jean-François), WELLHOFF (Thierry), *L'entreprise en 80 valeurs : Dictionnaire des valeurs d'entreprise*, Éditions Liaisons, 2011, 227 p.

COLLECTIF, Groupe La Poste, *En quête de confiance*, Textuel, 2013, 144 p.

HESKETT (James), *The culture cycle: How to Shape the Unseen Force that Transforms Performance*, Financial Times/ Prentice Hall, 2011, 384 p.

PEPPERS (Don), ROGERS (Martha), *Extreme Trust: Honesty as a Competitive Advantage*, Portfolio, 2012, 288 p.

PINE II (B. Joseph), GILMORE (James H.), *Authenticity: What Consumers Really Want*, Harvard Business Scholl Press, 2007, 320 p.

REITTER (Roland), RAMANANTSOA (Bernard), *Confiance et Défiance dans les Organisations*, Economica, 2012, 160 p.

SÉRIEYX (Hervé), FALLOU (Jean-Luc), *La confiance en pratique, Des outils pour agir, Comment fait-on ?*, Maxima Laurent du Mesnil éditeur, 2010, 200 p.

Témoignages d'entreprises américaines

BASCH (Michael D.), *Customer Culture: How FedEx and Other Great Companies Put the Customer First Every Day*, Financial Times, 2003, 304 p.

COCKERELL (Lee), *The customer rules: The 39 Essential Rules for Delivering Sensational Service*, Crown Business, 2013, 208 p.

GALLO (Carmine), *L'expérience Apple*, Pearson, 2012, 288 p.

HOFFER GITTELL (Jody), *The Southwest Airlines Way: Using The Power Of Relationships To Achieve High Performance*, McGraw-Hill Professional, 2005, 320 p.

LIPP (Doug), *Disney U: How Disney University Develops the World's Most Engaged, Loyal, and Customer-Centric Employees*, McGraw-Hill Professional, 2013, 256 p.

MICHELLI (Joseph), *The New Gold Standard: 5 Leadership Principles for Creating a Legendary Customer Experience Courtesy of the Ritz-carlton Hotel Company*, McGraw-Hill Professional, 2008, 224 p.

NOVAK (David), *Taking People With You: The Only Way to Make Big Things Happen*, Portfolio Hardcover, 2012, 256 p.

SHARP (Isadore), *Four Seasons: The Story of a Business Philosophy*, Portfolio Hardcover Editor, 2009, 320 p.

SCHULTZ (Howard L.), *Comment Starbucks a sauvé sa peau sans perdre son âme*, Éditions Télémaque, 2011, 342 p.

SPECTOR (Robert), MCCARTHY (Patrick D.), *The Nordstrom Way to Customer Service Excellence: The Handbook for Becoming the "Nordstrom" of Your Industry*, John Wiley & Sons Inc, 2012, 224 p.

WEBER (Hélène), *Du ketchup dans les veines : Pratiques managériales et illusions : le cas McDonald's*, Erès, 2011, 220 p.

Management de l'expérience client

COVA (Bernard), *Au-delà du marché : quand le lien importe plus que le bien*, L'Harmattan, 2000, 176 p.

FALQUE (Éric), WILLIAMS (Sarah-Jayne), *Les paradoxes de la relation client dans un mode digital*, Pearson, 2011, 288 p.
MANNING (Harley), BODINE (Kerry), *Outside in: The Power of Putting Customers at the Center of Your Business*, Amazon Publishing, 2012, 272 p.
MOATI (Philippe), *La révolution commerciale*, Odile Jacob, 2011, 315 p.
PINE II (B. Joseph), GILMORE (James H.), *The Experience Economy: Work Is Theater & Every Business a Stage*, Harvard Business School Press, 1999, 272 p.
SHAW (Colin) – Founder and CEO of Beyond Philosophy, *The DNA of Customer Experience: How Emotions Drive Value*, Palgrave Macmillan, 2007, 192 p.

La simplification

CASTAGNÉ (Thierry), *Le lean management dans les services : Méthode d'excellence opérationnelle*, AFNOR, 2012, 273 p.
MOREL (Christian), *L'enfer de l'information ordinaire*, Gallimard, 2007, 256 p.
PEVERELLI (Roger), de FENIKS (Reggy), OLLIVIER-LAMARQUE (Caroline), *Réinventer les services financiers : Ce que les clients attendent des banques et des assurances*, Pearson, 2011, 320 p.
SEGALL (Ken), *Apple Le secret d'une incroyable réussite*, Éditions Générales First, 2012, 271 p.

L'âge des plateformes

COLIN (Nicolas), VERDIER (Henri), *L'âge de la multitude : Entreprendre et gouverner après la révolution numérique*, Armand Colin, 2012, 286 p.
LEVINE (Rick), LOCKE (Christopher), SEARLS (Doc), SEARLS (Doc), *The Intention Economy: When Customers Take Charge*, Harvard Business School Press, 2012, 256 p.
WEINBERGER (David), *The Cluetrain Manifesto: The End of Business As Usual*, Perseus Books, 2000, 224 p.

Co-création, coopération, participation et ère du "co-"

ALTER (Norbert), *Donner et prendre : La coopération en entreprise*, Éditions La Découverte, 2010, 232 p.

CASEAU (Yves), *Processus et Entreprise 2.0 : Innover par la collaboration et le lean management*, Dunod, 2011, 304 p.
GOUILLART (Francis), RAMASWAMY (Venkat), *L'entreprise co-créative : Clients, employés, fournisseurs... Quand l'organisation s'ouvre à ses partenaires*, Vuibert, 2011, 288 p.
MAILLET (Thierry), *Génération participation, De la société de consommation à la société de participation*, MM2 Éditions, 2007, 236 p.
PRAHALAD (C. K.), RAMASWANY (Venkat), *The Future of Competition: Co-Creating Unique Value With Customers*, Harvard Business School Press, 2004, 272 p.
VAN DEN ABEELE (Maryannick et Michel), *Échanges réciproques de savoirs en entreprise : Un réseau au service de l'entreprise responsable*, Chronique Sociale, 2011, 224 p.

L'innovation et le design de service

BROWN (Tim), *L'esprit design : Le design thinking change l'entreprise et la stratégie.* "Le design est trop important pour être laissé aux seules mains des designers", Pearson Village Mondial, 2010, 280 p.
COLLECTIF, sous la direction de MEYRONIN (Benoît), MUNOS (Annie), *Manager l'innovation par le service : Un levier pour sortir de la crise*, préface de FRAPSAUCE, PUG, 2012, 380 p.
RADJOU (Navi), PRABHU (Jaideep), AHUJA (Simone), traduction et adaptation de J.-J. BOILLOT, *L'innovation JUGAAD : Redevenons ingénieux !*, Éditions Diateino, 2013, 378 p.

L'engagement des collaborateurs, implication et reconnaissance

DE BRABANDÈRE (Luc), *Le plaisir des idées - La pratique de la créativité en entreprise*, Dunod, 2010, 288 p.
DE BRABANDÈRE (Luc), *La valeur des idées*, Dunod, 2007.
COLLECTIF, coordonné par NEVEU (Jean-Pierre), THÉVENET (Maurice), *L'implication au travail*, Vuibert, collection « Entreprendre » 2002, 230 p.
DÉTRIE (Philippe), *La convivialité : Aller vers une entreprise où il fait bon travailler*, Eyrolles, 2009, 249 p.
DOUCET (Christian), *Réhumaniser l'entreprise : améliorer à la fois la compétitivité de l'entreprise et le bien-être du personnel*, 2012, Lexitis éditions, collection « Les pratiques de la performance », 156 p.

DUJARIER (Marie-Anne), *L'idéal au travail*, PUF, 2012, 276 p.
GETZ (Isaac), CARNEY (Brian M.), *Liberté & Cie : Quand la liberté des salariés fait le bonheur des entreprises*, Fayard, 2012, 396 p.
LAVAL (Christophe), *Plaidoyer pour la reconnaissance au travail : La puissance de la reconnaissance non monétaire*, VPHR, 2011, 160 p.
OLLIVIER (Daniel), *Management 2.0 : Performance économique et capital humain !*, AFNOR, 2012, 204 p.
PALOBART (Yves), BOURCIER (Claude), *La Reconnaissance : Un outil de motivation pour vos salariés*, Éditions d'Organisation, 1997, 195 p.
PIERRE (Christèle), JOUVENOT (Christian), *La reconnaissance au travail*, Anact, 2010.
SANDER (Bernie), *Les systèmes de suggestion en révolution*, Éditions JVDS, 1995, 255 p.
THÉVENET (Maurice), *Alors... heureux ?*, Les relations humaines, Éd. d'Organisation, 2008.
THÉVENET (Maurice), *Le plaisir de travailler*, Éditions d'Organisation, 2004.

Marketing des services

BALAGUÉ (Christine), FAYON (David), *Réseaux sociaux et entreprise : Les bonnes pratiques*, Pearson, 2011, 256 p.
BARLOW (Janelle), MOLLER (Claus), *A Complaint is a Gift: Recovering Customer Loyalty When Things Go Wrong*, Berrett-Koehler Publishers, 2008, 250 p.
BLACKSHAW (Pete), *Satisfied Customer Tell Three Friends, Angry customers Tell 3,000*, Crown Business, 2008, 208 p.
BLOCH (Philippe), *Service compris 2.0 : 360 idées pour améliorer la qualité de service à l'heure d'internet*, Ventana éditions, 2011, 402 p.
CERF (Marianne), FALZON (Pierre), *Situations de service : travailler dans l'interaction*, PUF, 2005, 250 p.
CLAEYSSEN, (Yan) *La marque face à la révolution client : Les nouveaux piliers du marketing*, Éditions Kawa, 2012, 121 p.
COLLECTIF, sous la direction de EIGLIER (Pierre), *La logique service*, Economica, 2010, 336 p.
COLLECTIF, coordonné par JOURDAN (P.), LAURENT (F.), PACITTO (J.-C.), *À nouveaux consommateurs, nouveau marketing : Zoom sur le conso'battant*, Dunod, 2011, 195 p.
DUJARIER (Marie-Anne), *Le travail du consommateur, De McDo à eBay : comment nous coproduisons ce que nous achetons*, Éditions La Découverte, 2008, 246 p.

DÉTRIE (Philippe), *Les réclamations clients : Un nouvel outil de fidélisation et de différenciation*, Éditions d'Organisation, 2001, 193 p.
EIGLIER (Pierre), LANGEARD (Éric), *Servuction : Le marketing des services*, Ediscience International, 1996, 205 p.
HABABOU (Ralph), *Service gagnant : Les secrets des entreprises qui créent la différence*, Éditions Générales First, 2007, 366 p.
HANOUNE (Éric), VÉRY (Philippe), *Du produit vers le service : Stratégies d'évolution de l'entreprise industrielle vers les activités de service*, De Boek, 2011, 156 p.
LAUTISSIER (Stéphane) et ANGOT (Jacques), *Révolution Relation*, L'Harmattan, 2009.
LOVELOCK (Christopher), WIRTZ (Jochen), LAPERT (Denis), MUNOS (Annie), *Marketing des services*, Pearson, 6e édition, 2008.
SERNOVITZ (Andy), *Le marketing du bouche-à-oreille : Comment les entreprises intelligentes parviennent-elles à faire parler d'elles*, Leduc.s éditions, 2012, 272 p.
VARGO (Stephen L.), sous la direction de LUSCH (Robert F.), *The Service-Dominant Logic of Marketing: Dialog, Debate, And Directions*, M.E. Sharpe Editor, 2006, 449 p.
VERNETTE (Éric), *L'essentiel du marketing*, Éditions d'Organisation, 2e édition, 1999.
VOLLE (Pierre), *Stratégie clients : Point de vue d'experts sur le management de la relation client*, Pearson, 2012, 208 p.

Les normes, modèles et référentiels évoqués

Modèle EFQM - European Foundation for Quality Management - (rafraîchi en 2013).
Investors In People (certification qualité, créée en 1991, à destination des entreprises en matière de gestion des ressources humaines).
ISO 9001 Principes et exigences des systèmes de management de la qualité (en mode révision).
EN15838 norme européenne « Centre de Relation Client » et son règlement de certification NF 345 (la référence).
DIN 77224 « Achieving Customer Delight Through Service Excellence » : la norme allemande sur l'excellence du service.
Normes sur les réclamations (EN 14012, ISO 10002, référentiel AMARC).
NF Z 74-501 « Avis en ligne des consommateurs » (une innovation mondiale réalisée par l'AFNOR).
Référentiels d'engagements de service d'entreprises, dont celui des bureaux de poste.

Bibliographie

Sites et blogs repérés

AFNOR   www.afnor.org
AFRC   www.afrc.org
AFRC   MAG www.afrc.org/afrc-mag.asp
AFQP   www.qualiteperformance.org
GPS   www.gps.asso.fr
IES   www.institutespritservice.com
Académie du service : http://blog-cultures-services.com
AMARC   www.amarc.asso.fr
ANVIE   www.anvie.fr
Trophée Elu service Client de l'année : www.eluserviceclientdelannee.com

Sens du client : http://sensduclient.blogspot.fr
Cher Client : www.cherclient.com
Blog de Christophe bénavent : http://christophe.benavent.free.fr
Décideurs : TV www.decideurstv.com
Acteurs Publics : www.acteurspublics.com
ESSEC/ISIS : www.essec.fr
Institut confiances : www.institut-confiances.org
Center for customer Management :
http://centerforcustomermanagement.wordpress.com
Client au Coeur : www.clientaucoeur.com

Sites et blog anglosaxons :

Customer think : www.customerthink.com
Beyond Philosophy : www.beyondphilosophy.com
Service Profit Chain Institute : http://serviceprofitchain.com
My Customer : www.mycustomer.com

Le blog de l'Esprit de Service :
www.xavierquerathement.fr